李学勤

罗哲文

俞伟超

曾宪通 彭卿云

大动荡大转变时期

李　默／主编

中华文明是人类历史上最伟大的文明之一，是人类文明发展的主要构成。中华文明丰富、深刻、辉煌、博大，在人类文明中的骨干作用和领导作用为人所共知。在人类文明的发源时期，中华文明就是四大古文明之一，是地球上文化的策源地之一。

广东旅游出版社
GUANGDONG TRAVEL & TOURISM PRESS
悦读书·悦旅行·悦享人生

中国·广州

图书在版编目（CIP）数据

大动荡大转变时期 / 李默主编 . — 广州 : 广东旅
游出版社 , 2013.1（2024.8 重印）
　ISBN 978-7-80766-456-7

　Ⅰ . ①大… Ⅱ . ①李… Ⅲ . ①中国历史—民国—通俗
读物 Ⅳ . ① K260.9

　中国版本图书馆 CIP 数据核字 (2012) 第 296812 号

出 版 人：刘志松
总 策 划：李　默
责任编辑：张晶晶　梁诗淇
装帧设计：盛世书香工作室　腾飞文化
责任校对：李瑞苑
责任技编：冼志良

大动荡大转变时期
DA DONG DANG DA ZHUAN BIAN SHI QI

广东旅游出版社出版发行
（广东省广州市荔湾区沙面北街 71 号首、二层）
邮编：510130
电话：020-87347732（总编室）　020-87348887（销售热线）
投稿邮箱：2026542779@qq.com
印刷：三河市嵩川印刷有限公司
　　　（河北省廊坊市三河市杨庄镇肖庄子村）
开本：650×920mm　16 开
字数：105 千字
印张：10
版次：2013 年 1 月第 1 版
印次：2024 年 8 月第 3 次印刷
定价：45.80 元

出版者识

　　《历史的记忆》是一部全景式图文并茂记录中国文明历史的大书。出版者穷数年之力，会集各方力量——专家、学者、编辑、学术顾问们，在浩如烟海的历史档案、资料、著作中，探珍问宝，追寻中华文明在悠悠历史长河中的灿烂之光。此书的出版，凝聚了编撰者的心血，学术顾问们的智慧。尤其是李学勤先生，亲自动笔写下了序言，更增加了本书沉甸甸的分量。

　　中华文明的历史充满了辉煌与苦难，成就和挫折。它的历史无处不在，决定着我们中国人今天的思想和感情。当今的中国和中国人是中华文明的历史造就的，是中华文明的历史的延伸，也是它的一个组成部分，中华文明的历史之河奔流到现在。

　　中华文明是人类历史上最伟大的文明之一，是人类文明发展的主要构成。中华文明丰富、深刻、辉煌、博大，在人类文明中的骨干作用和领导作用人所共知。在人类文明的发源时期，中国就是四大古国之一，是地球上文化的策源地之一。在人类文明的早期，中华文明成为文明在东方的支柱，公元前后200年间，人类的汉帝国与罗马帝国这两只铁手攫住了地球。在欧洲进入中世纪的时候，中华文明更成为人类文明最主要的领导，它的文明统治东亚，传遍世界。进入近代，中华文明处于自身的重压和西方的欺凌下，但中国人民的斗争史和奋起精神是人类文明历史中不可缺少的一页。

　　五千年的中华文明为人类贡献出了从思想家孔子到科学技术的四大发明、从唐诗宋词到长城运河的伟大创造，贡献出了从诸子百家到宋明理学，从商周铜器到明清文学的深刻内涵，也贡献出了从五霸七强到三国纷争、从文景之治到十大武功的辉煌历史。中华文明的历史绚烂多彩，在人类文明的历史长河中永放光芒。

　　中华文明也是人类历史上最独特的文明，没有哪一个文明像中华文明这样持久，这样统一一致。世界上其他文明不但互相交错，其创造者也都与高加索体质的人种有关，它们是姐妹文明。在人类历史中，只有中华文明才是独特的，它的创造者是中国土地上的中国人民，与其他任何地方的人民都没有关系，它的文化是统一一致的文化，可以不依赖于其他任何文明而生存，但中华文明也绝不是封闭的，它接受他人的文化，也承担自己对于人类的责任。

　　人类进入新世纪，中国的社会经济发展令世人瞩目。人们对于世界未来的政治和经济结构的估计无不以东亚和太平洋为中心，而尤以中国为重点。

　　经济起飞只是当代中国的一个方面，中国的精神文明的建设尤为刻不容缓。如果中国要自觉地发展中华文明，要有意识地使中国的发展具有世界意义，就必须发展强有力的精神文化，这样才能使中华文明的发展进入一个新的阶段，才能形成中国和中华文明的全面现代化。

而中国的精神文化的发展植根于中华文明的伟大传统之中。进入近代之后，在西方文化的冲击下，对于中国文化的价值产生大量的情绪化和激烈冲突的论调。"五四"运动打倒孔家店的口号具有冲破封建束缚的时代意义，对中国文化的发展有不容否认的正面意义，与文化虚无主义是完全不同的。文化虚无主义者否定中国传统文化，在现代化的旗帜下主张全盘西化；而复古主义则沉迷于中国文化的古董，走进反进步、反科学的泥潭。

历史的发展则超越了所有这些论点，产生这些论调的一百多年来的中国近代史已经结束。历史要求中国发展，要求中国走在全世界发展的前列。西化论和复古论都已过时，历史已经要求世界超越西方，中国可以承担起世界的命运，而中国的现实和世界的历史都说明，中国的使命在于它的发展前进，而非倒退。

中华文明走出迷惘的时代，我们这一代处在一个伟大而具有挑战的历史阶段。

总结历史、展望未来，这就是《历史的记忆》的意义和使命。我们创作《历史的记忆》，力求总结和回顾中华文明的全貌，在内容和形式上都开创一个新的局面。在内容结构上，既具有一定的深度，又具有相当的广博性，既有严谨、准确的学术价值，又有活泼、流畅的可读性。我们在本丛书内容纳了中华文明的各个方面，使它综合了大规模学术著作的系统性、严密性和普及读物的全面性、简易性，它既可作为大型工具书检索中华文明的各个成分，又可作为通俗的读物进行浏览。

我们从上世纪 90 年代初起就开始思考中华文明的历史和现实问题，并逐渐形成了编著《历史的记忆》的设想。在开展这项庞大的文化工程之始，我们就聘请了国内权威学者李学勤、罗哲文、俞伟超、曾宪通、彭卿云诸先生担任学术顾问，他们对计划作了充分讨论，并审阅了大量初稿。我们聘请了广州、香港地区的社会科学学者、大学教师、研究生以及我社编辑人员几十人担任稿件的撰写工作。

通过创作这部书，我们深深地感受到了中华文明的博大精深，也感受到了它的内在缺陷。中华文明具有辉煌的时期，也有苦难的年代，有它灿烂的成就，也有其不足的方面。中华文明在自身中能够吸取充分的经验和教训，就能够使自身健康壮大，成长发展。

通过创作这部书，我们也深深感受到了出版事业的使命和重任。我们希望这部书能受到广大读者的喜爱，起到它所应当起的作用。为中华文明的反省、前进和奋起作一点贡献。

目 录

大动荡大转变时期

大动荡大转变时期

民
国

民国

1912 ~ 1915A.D.

1912A.D.

1月1日，南京临时政府成立。孙中山就任临时大总统，定国号为中华民国。1月28日，南京临时参议院成立。林森为议长。2月12日，清帝溥仪宣布退位，清亡。2月13日，袁世凯通电赞成共和，孙中山向临时参议院提出辞职，15日，参议院选举袁世凯为临时大总统。3月10日，袁世凯在北京就任临时大总统。3月11日，孙中山在南京公布《中华民国临时约法》。4月2日，临时参议院议决临时政府迁往北京。

5月9日，共和党成立。8月25日，国民党成立。8月27日，民主党成立。9月3日，沙俄策动外蒙古王公贵族宣布"独立"。11月7日，北京政府声明不予承认。

1913A.D.

3月，袁世凯派人暗杀宋教仁。4月，中华民国第一届国会成立。7月，李烈钧在江西湖口举兵讨袁，"二次革命"爆发。9月1日，张勋攻陷南京，"二次革命"失败。孙中山流亡日本。10月6日，袁世凯威迫国会选其为正式总统。11月4日，袁世凯下令解散国民党，并撤销国民党籍国会议员。

1914A.D.

5月1日，袁世凯废除《中华民国临时约法》，公布《中华民国约法》。7月8日，孙中山在日本成立中华革命党。8月，第一次世界大战爆发。9月2日，日本借口对德宣战，派兵强行在山东半岛龙口登陆。

1915A.D.

1月18日，日本提出灭亡中国的"二十一条"要求。6月7日，库伦活佛宣告取消外蒙古独立。8月，杨度、孙毓筠等组织筹安会。9月15日，陈独秀主编的《青年》杂志创刊，次年改为《新青年》。12月12日，袁世凯恢复帝制，改国号为"中华帝国"，以明年为洪宪元年。12月25日，蔡锷通电宣布云南独立，组织护国军讨袁，护国战争爆发。孙中山发表《讨袁宣言》。

1914A.D.

第一次世界大战爆发。巴拿马运河通航。

孙中山就任临时大总统

1912 年 1 月 1 日，中华民国南京临时政府成立，孙中山返国，被光复 17 省代表公推为临时大总统，定 1912 年为中华民国元年。

临时大总统宣言书

中华民国宣告成立

　　1912 年 1 月 1 日，南京临时政府成立。孙中山就任临时大总统，定国号为中华民国。

　　当武昌起事获得全国响应时，清王朝注定失败，革命派开始筹建共和国临时政府。但是，由于南方独立各省在鄂或沪建立政府上争执不休，临时政府迟迟不能建立。南京光复后，独立各省始决定临时政府设在南京，决定暂不选举临时大总统，虚位以待袁世凯，设大元帅暂且代理其职权。但是在大元帅人选上又争执不下，形成僵局。时孙中山返回祖国，抵达上海。1911 年 12 月 20 日，17 省代表会议在南京再度召开，决定成立临时政府，以 16 票的

1912 年 1 月，孙中山、黄兴同陆军部成员合影。

孙中山及全体国务员晋谒明孝陵

1912年1月5日，孙中山举行第一次内阁会议。右起：王鸿猷、王宠惠（外交总长）、黄兴（陆军总长兼总参谋长）、孙中山、陈锦涛、蔡元培（教育总长）、景耀月。

1912年1月28日，南京临时参议院成立，林森任议长。图为参议院成立时，议员们合影。

绝对优势选举孙中山为中华民国第一任临时大总统。

临时大总统府设在南京城内旧两江总督衙门内。当晚11时，举行孙中山大总统受任典礼。孙中山宣读誓词，同时发布《临时大总统宣言书》和《告全国同胞书》。宣言毕，即接受大总统印，并由秘书长将其盖于宣言等文件上。之后，孙中山下令定国号为"中华民国"，同时改用阳历。2日，孙中山通电各省改历，并以1912年1月1日作为中华民国建元的开始。1912年1月3日，代表团依临时政府组织大纲举行副总统选举会，黎元洪以17票当选。1月11日，各省代表会议又议决以五色旗为中华民国国旗，十八星旗为陆军旗，青天白日满地红旗为海军旗，"请大总统颁令全国各省以为统一"。

新成立的南京临时政府是按照西方资产阶级民主政府三权分立的精神建立起来的。大总统代表临时政府总揽政务。总统府秘书长为胡汉民。掌握政府实权的是以孙中山、黄兴为首的一批同盟会员。同时，各省代表会议改组扩充为临时参议院，行使立法权，推举同盟会员林森为议长。临时政府成立之后，颁布了不少除旧布新的法令。临时参议院通过的具有宪法效力的《中华民国临时约法》，规定了资产阶级民主自由的一般原则，使共和国的方案具体化和法律化。南京临时政府的主要成员及其所推行的政策，说明它是一个资产阶级性质的革命政府。它的成立结束了绵延 2000 多年的封建君主制，具有划时代的意义。

清帝退位·清王朝结束

1912 年 2 月 12 日，清帝爱新觉罗·溥仪宣布退位，清亡。

2 月 12 日，清廷在各地革命、独立的浪潮中，经袁世凯的压迫，万般无奈地颁发了皇帝退位诏书，宣布退位，授命袁世凯组织临时共和政府。同时，南京临时政府与袁世凯共同拟定清室优待条件，保持其尊号、禁宫，并供给岁用 400 万两。

清王朝至此覆亡，中国封建君主制也随之结束。

清帝溥仪

摄政王载沣

袁世凯篡夺胜利果实

1912年2月13日，袁世凯通电赞成共和，孙中山向临时参议院提出辞职，15日，参议院选举袁世凯为临时大总统。

武昌起义后北方政局发生巨大变化，以载沣为首的清政府被迫起用北洋军首领袁世凯为内阁总理大臣，袁取得了帝国主义列强的支持和各地立宪派的拥护，掌握了清政府的军政大权。他所统率的装备精良的北洋军牢牢地控制着直隶、河南、山东三省，并南下攻占了汉口、汉阳。在北洋军的武力威胁下，湖北都督黎元洪及革命党的不少领导人都主张将民国大总统的职位让给袁世凯，以换取他推翻清王朝，支持共和国。袁世凯也

1912年3月10日，袁世凯在北京就任中华民国第二届临时大总统。

不断表示他的出山是为了救国拯民，一面命令北洋军停止进攻，一面派唐绍仪为代表南下谈判。在南京临时政府成立之前谈判已经开始，临时政府成立后，

袁世凯任临时大总统后故宫太和殿门外挂起五色旗

孙中山通过南方总代表伍廷芳继续和谈。经过几个月的讨价还价，终于达成协议。清帝于 2 月 12 日宣布退位。次日袁世凯通电全国宣誓效忠共和。孙中山辞职，并推荐袁世凯继任。15 日临时参议院选举袁世凯为临时大总统。袁世凯借口北方发生兵变和列强干涉，拒绝到南京就职。

袁世凯刚被举为临时大总统，孙中山便催促他南下就职。孙中山让位给袁世凯附有三个条件：一、临时政府地点设于南京；二、俟新总统亲到南京受任之时，大总统及国务各员乃行辞职；三、临时政府约法为参议院所制定，新总统必须遵守颁布之一切法制章程。孙中山欲使袁世凯脱离北京并以《临时约法》约束之。而袁绝不离开自己的势力中心，坚持建都北京。

3 月 1 日晚，京城变兵，大肆劫掠西城。同日晚，保定亦发生兵变，乱事延续两昼夜，惊扰京保铁路沿线市镇。2 日，天津亦发生兵变，烧杀掳掠京奉、津浦铁路局、大清、交通、直隶各银行及造币厂，许多民房、店铺被焚毁。北京外交团立即采取措施，各国军队 700 余名在市区列队示威，日、英、美、法、俄、德等国纷纷从旅顺、香港、哈尔滨、青岛等地调军入京，总数达 3000 多人。同时京、津、保各商务总会、议事会、顺直咨议局及各政团，都上书袁世凯要求"声明决不南行"。孙中山等人被迫让步，允许袁氏在北京宣誓就职，并将临时政府迁往北京。北方各省的巡抚、总督一律改称都督。中华民国在形式上接收了北方的统治权，完成了国家统一。3月10日，袁世凯在北京就任临时大总统。

袁世凯就任临时大总统后，又迫使南京临时政府迁往北京。这标志着北洋政府统治的开始。图为袁世凯任临时大总统后与北洋将领合影。

袁世凯镇压同盟会·宋教仁遇刺

　　1913年3月20日，袁世凯派人暗杀宋教仁。中华民国临时政府北迁后，依据《临时约法》规定，由总统制改为责任内阁制。国家的政治体制并没有发生根本变化，但人员结构却有重大调整。原来在政府中起主导作用的、以孙中山为首的同盟会员，被以袁世凯为首的北洋军人和官僚所代替。但是，北京临时政府开始还不是北洋派独占的政府，同盟会在中央和地方都有不容忽视的政治和军事力量。除总统府由袁世凯直接控制外，唐绍仪内阁阁员大致是北洋派和同盟会平分秋色。宋教仁、蔡元培等同盟会员参加了政府工作。在北迁后的参议院，同盟会仍占优势。

　　袁世凯为了清除革命势力独揽统治权，逼迫主张调和南北矛盾的唐绍仪辞职，换上心腹赵秉钧。接着派人暗杀了国民党领导人宋教仁，镇压了孙中山发动的二次革命，使资产阶级推行政党政治的计划破产。

被刺身亡的宋教仁先生

　　1913 年 3 月 20 日晚 10 时，宋教仁到上海沪宁车部，10 时 40 分，宋由吴仲华引导，往车站出口处走去，刚至检票处，枪声突起。宋手抚腰部，惊呼："我中枪了！"于右任迟了几步赶来送行，正值宋已中枪。于即借来汽车，送宋到沪宁铁路医院急救。

　　宋教仁被送入医院后，经医生进行手术，当晚取出枪弹。

　　宋自认难以获救，面嘱于右任三件事。又授意黄克强代拟致袁总统电报一件，电文说：本人"一向束身自爱，从未结怨于私人。反清改革以来，亦讲人道、守公理，未敢谋一己之私利"，"今国基未固，民福不增，遽尔撒手，死有余恨。伏冀希望大总统开诚心，布公道，竭力保障民权，俾国会得确定不拔之宪法。则仁虽死之日，犹生之年，临死哀言，尚祈鉴纳"。22日晨3时后，宋周身温度渐低，手足冰凉，未久，宋即气绝。

3月23日，凶手被捉，真相大白。

李烈钧讨袁·二次革命爆发

1913年7月8日，李烈钧委任林虎为讨袁军左翼司令，任命方声涛为右翼司令，任命何子奇为湖口守备司令。当日晚，林虎向所部下达了攻击令。李烈钧令要塞鸣炮，宣布独立，并发布讨袁檄文，通电宣布约法三章："一、誓诛民贼袁世凯；二、巩固共和政体；三、保障中外人民生命财产。"13日，江西省议会开会，推举李烈钧为讨袁军总司令，欧阳武为都督，贺国昌为省长，唯欧阳武称病不出。

护国军领袖之一李烈钧（1882～1946），1913年7月，打响了"二次革命"第一枪。

7月12日，赣军左翼林虎以一团兵力猛烈攻击沙河北军左翼，打响了战斗。

7月14日夜，黄兴由沪抵宁，当晚召开军事会议，部署讨袁独立和作战计划。翌晨，八师士兵开入都督府，江苏都督程德全从睡梦中惊醒。黄兴率南京高级将领入府会见程，说明讨袁大义。程遂附和独立讨袁，即请随黄来宁的章士钊起草讨袁通电，以程德全、应德闳、黄兴三人的名义，宣布江苏独立，并委任黄兴为江苏讨袁军总司令。

7月16日，黄兴、柏文蔚等在南京开军事会议，会间举岑春煊为各省讨袁军大元帅。18省代表一致投票选举岑春煊为讨袁军大元帅，并规定"凡各独立省份都督及讨袁军总司令一律归其节制"。

7月22日，孙中山在上海发表讨袁通电，称"全国流血之祸，系于袁氏一人之身，……今袁氏种种违法，天下所知，东南人民迫不得已以武力济法律之穷，非惟其情可哀，其义亦至正。"并号召各方促袁早日辞职，"以息战祸"。

当天，孙中山又电袁世凯，劝其辞职。

二次革命是全国各种势力反对袁世凯篡夺革命果实的努力，缺乏统一纲领和领导，后在袁世凯的镇压下迅速瓦解。

袁世凯威迫国会选举其为大总统

1913年10月6日，国会召开总统选举会，王家襄为主席。袁世凯命令京师警察厅和拱卫军联合派出军警"保卫"国会。此外，便衣军警千余人，自称"公民团"，将国会团团围住，所有入场的人准进不准出。

中华民国第一届国会举行开幕典礼

根据《总统选举法》规定：候选人必须获得四分之三的绝对多数票才能当选。第一轮投票，袁世凯得471票，尚缺99票，又进行第二轮投票，结果袁世凯得497票，离当选仍差63票。时已过午，议员要求回家吃饭，"公民团"把住前后门，并大声叫喊："今天不选出我们中意的大总统，就休想出院！"议员见公民团虽外穿便衣，但军裤、皮靴和短枪赫然可见，知形势严重，遂在第三轮就袁世凯和黎元洪二人决选时，袁以507票当选。"公民团"完成任务，"始高呼大总统万岁，振旅而返"。这时已是晚上9时。议员们饥肠辘辘，仓皇归去。第二天，国会选举副总统。黎元洪以610票当选。袁世凯当选后，上海、天津等地报纸对选举情况表示不满，国务院即通电各省说："此次选举并无军警干涉情事，倘敢捏造蜚言，严惩不贷。"

10月10日，袁世凯正式就任大总统。

袁世凯接受"二十一条"

1914年1月，日本向袁世凯政府提出了将中国政治、经济权益交由日本控制的"二十一条"。

1月18日下午3时，由曹汝霖安排，日置益在怀仁堂晋见袁世凯，当面递交日文"二十一条"1份。袁世凯看完"二十一条"之后，惊诧无措，"殊为失望"，但他未断然拒绝。

2月2日，中、日在北京举行正式谈判。日方要求中国首先要对"二十一条"全案发表意见，中方则主张逐条讨论。在日方强行要求下，中方不得不于5日对全案提出其意见大纲。

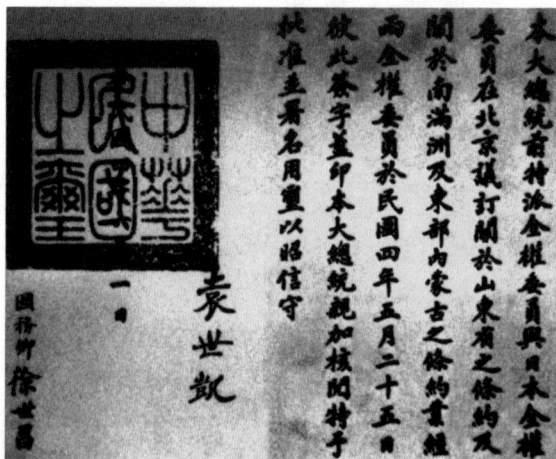
袁世凯批准"二十一条"的文书

1915 年 5 月 25 日，"二十一条"签字时中日代表合影。左起（中方）：外交次长曹汝霖，外交总长陆征祥，秘书施履本；（日方）参赞小幡西吉、驻华公使日置益、书记官参赞高尾。

2 月 11 日，中国留日学生千余人冒雨在东京集会，反对日本政府提出的"二十一条"。大会决议：电请政府拒绝要求，并公布条件；以文字警告劝导海内外国民。20 日，各代表由长崎回国，分赴京、沪等地，参与抵制活动。留日学生群情激愤，已开始退学归国。

5 月 4 日，日本为迫使中国接受"二十一条"，召开内阁会议及元老大臣会议，决定对华发出最后通牒。与此同时，日本政府颁布关东戒严令，命令山东和奉天日军备战。日商纷纷回国，日舰队游弋于渤海，进行武力威胁。

各国对日本对华举措迅速作出反应。俄、法两国虽然猜忌日本，却因欧战无暇顾及。俄使克鲁朋斯基要中国政府"立即无条件地接受日本的最后通牒"。

8 日上午，英公使朱尔典到外交部访陆徵祥，说"只有忍辱负重，接受要求，不宜作武力之争"。

8 日下午，袁在总统府召集会议。发言者大都认为只有接受日本要求一途，惟独段祺瑞主张动员军队，对日示以强硬。但袁世凯认为无法挽回。

5月25日，中日双方在北京签定"中日条约"和"换文"。两个条约是关于山东和南满洲及东蒙古的；换文13件，内容是关于福建、汉冶萍及旅大租借期延长等问题。除第五号外，原"二十一条"的内容大都包括在内。

5月9日，袁政府接受最后通牒的消息一经传出，群情激愤，举国认为是奇耻大辱。各城市爱国团体，纷纷集会，拒不承认"二十一条"，誓雪国耻。上海各界召开国民大会，到会数万人，一致表示拒日到底。各地青年学生尤为悲愤，有的愤而自杀，有的断指写血书，有的要求入伍，请缨杀敌。全国教育联合会决定，各学校每年以5月9日为"国耻纪念日"。北京各学校学生议决，每日课余诵最后通牒一遍，以示不忘国耻。

接着，汉口、镇江、汉阳、福州等地，相继发生反日骚动。

袁世凯筹备帝制

1915年，袁世凯政府机关报《亚细亚日报》发表了宪法顾问古德诺的《论共和与君主》，公然宣传中国应实行帝制。8月14日，杨度串联刘师培、严复等6人组织"筹安会"，为袁世凯称帝鸣锣开道。

8月中，北京掀起实行帝制的请愿风潮，在袁的党徒操纵下请求袁世凯当皇帝。

8月24日下午，由段芝贵、袁乃宽发起，在石驸马大街袁宅开军警大会，讨论筹安事宜。

会场上备有签名簿两本：一为"赞成君主"，一为"赞成民主"。众人一致赞同君主，无人在另一本签名簿上签字。9月19日，梁士诒、张镇芳、杨度、孙毓筠等人，收买各请愿团，组成全国请愿联合会，于9月16日向参政院呈上第二次请愿书，要求召开国民会议，解决国体。袁世凯遂于25日发布申令，11月20日召集国民会议，议决国体。

9月2日，19位将军联名向袁发劝进电。

10月25日，全国各地开始选举国民代表，从28日起陆续举行国体投票。会场内外布满军警，名为保护。票面印"君主立宪"四字，令投票人写上"赞成"

袁世凯镇压"二次革命"后，示意杨度等人以"研究共和政治得失"为名，于1915年8月成立"筹安会"，到各地鼓吹帝制，并电请各省派代表进京讨论国体，不久即宣布"一致主张君主立宪"。10月6日，参政院召开"国民代表大会"，一律"赞成"君主立宪，上书拥戴袁世凯皇帝。图为登基大典筹备处处长朱启钤等合影。

或"反对"字样，再签上自己的姓名。投票前每个代表发大洋500元，作为"川资或公费"。

国体投票开始后，各省将军、巡按使，都有劝进的密呈或密电给袁世凯，报告各地选举投票情形，内容都是要求袁氏"俯顺民情，早登大位"。

梁启超反对帝制·全国瞩目

1915年8月15日，蔡锷赶到天津与梁启超等共同商定：（1）由梁启超作篇文章，迅速打出鲜明的反袁旗帜，切实掌握舆论主动权，并力争通过推心置腹的规劝，促袁世凯自行停止帝制，以免干戈四起，生灵涂炭；（2）由蔡锷秘密联络云、贵旧部和各方反袁势力，以便规劝无效时得以立即发动军事讨袁。9月3日，梁启超于《京报》上发表《异哉所谓国体问题者》，对即将实行的帝制大加嘲讽。未发之前，筹安会打电报给他，直言"勿将此文公布"；袁世凯亲派内使夏寿田赴津，贿以"二十万元，令勿印行"；但都被他严辞拒绝。

《异哉所谓国体问题者》一文发表次日，《国民公报》转载。接着上海《时报》、《申报》、《神州日报》也相继于6日刊出。梁氏说，共和制在中国曾酝酿十余年，实行已四年，"当其酝酿也，革命家丑诋君主，比之恶魔，务以减杀人民之信仰。其尊渐褒，然后革命之功乃克集也。而当国体骤变之际与改变之后，官府之文告，政党之宣言，报章之言论，街巷之谈说，道及君主恒必以恶语冠之随之，今微论规复之不易也，强为规复，欲求畴昔尊严之效，岂可更得？"他向帝制派呼吁："何苦无风鼓浪，兴妖作怪，徒淆民视听而贻国家以无穷之戚也。"

梁启超像

蔡锷出逃·掀起护国战争

　　1915 年 10 月下旬，蔡锷在天津与梁启超等人具体议定军事讨袁计划后，一直在京寻机南下。他自知一举一动都有密探监视，恰巧喉病初起，于是以此为借口，他于 28 日试探性地呈请袁世凯给假 5 天。袁不知是计，据呈照准了。11 月 3 日，假期届满，蔡锷一面"遵即销假，趋公照常办事"，一面又以"病势日益加剧，精力实有支"为由，再上一呈，要求续假，"赴津就医"。袁仍不疑，欣然批准，而蔡到天津后即伺机逃去。

　　12 月初，蔡锷安抵日本东京。同学往见者，皆不肯见。住所亦无一定，往来飘忽，不可捉摸。直到离日前夕，他才致袁一电，首次对

蔡锷（1882～1916），湖南邵阳人。1915 年 12 月，在云南组织护国军起兵讨袁，后任四川督军兼省长。病逝于日本。

帝制提出异议。随后，即在石陶钧、张孝准等人周密布置下，悄悄离开日本，经上海、香港转赴越南河内，直奔云南。

　　21 日，唐继尧在其寓所召集有蔡锷、李烈钧、任可澄等云南省内外重要

人士参加的紧急会议。与会者议决举义步骤如下：（1）先以唐继尧、任可澄名义致电袁世凯，令其取消帝制；（2）届时无圆满答复，即以武力解决之。公决唐留守，任中华民国云南都督府都督，兼中华民国护国军第三军总司令官；蔡出征，任中华民国护国军第一军总司令官，并推李烈钧任中华民国护国军第二军总司令官兼筹饷总局总办。决定，第一军北出四川，第二军东进广西，第三军居中策应，以四川为战略进攻的重点。

12月23日夜11时，由唐继尧、任可澄署名的反帝制电报正式发出。要求立将杨度、严复、刘师培、段芝贵、周自齐、梁士诒等12人"即日明正典刑，以谢天下；涣发明誓，拥护共和"，并以云南军民"痛愤久积，非得有中央永除帝制之实据，万难镇劝"为词，限25日10时以前答复。及25日期满，未见袁世凯的答复，唐继尧、任可澄、刘显世、蔡锷、戴戡遂联名发出二次通电，称袁世凯既为"背叛民国之罪人，当然丧失总统之资格"，并宣布"深受国恩，义不从贼，今已严拒伪命，奠定滇黔诸地，即日宣布独立"。

12月27日，唐继尧、蔡锷、任可澄、刘显世、戴戡及军政全体发布讨袁檄文，历数袁世凯辛亥革命以后不仁、不义、不智、不信、不让等丑行。同日，唐、任并照会英、德、法、俄、日等国驻华公使、领事，发表五点声明。护国战争爆发了。

12月26日，护国军第一军总司令部在昆明八省会馆正式成立。总司令部成立后，所辖各部队分路向四川进发。左翼刘云峰率邓泰中、杨蓁两支队于27日首先出发。

袁世凯洪宪登基·改国号为"中华帝国"

1915年12月12日，袁世凯恢复帝制，改国号为"中华帝国"，以次年为洪宪元年。

12月1日，袁世凯登极大典筹备处在中央公园来今雨轩举行开幕礼。19日，袁世凯正式下令成立筹备处，共400余人。整个登极大典预算达590余万元。

袁世凯又下令改总统府为新华宫。同时发行纪念金币，一面以他身着海陆军大元帅服的头像作图案，一面以象征封建帝王的龙作图案，并有"中华帝国"、"洪宪纪元"八字。还派人赴景德镇烧"洪宪"瓷器。此外，册封皇后和嫔妃，立皇储以及选拔女官等皇家事务都在进行，计日程功，只待择吉日加冕登极了。

12月7日，北京及各省投票推戴一律告竣，上报参政院。12月11日上午9时，举行解决国体总投票。各省国民代表共1993人，赞成君主立宪票正好1993张，没有一票反对，也没有一张废票。秘书长拿出准备好的推戴书当众朗读，要求袁世凯"俯顺舆情，登大宝而司牧群生，履至尊而经纶六合"。参政全体起立，一致通过。11点半，在欢呼声中散会。

当天中午，袁世凯接到推戴书，立即发回，并申令"另行推戴"。下午5点，参政院再次开会，以总代表名义呈递第二次推戴书。12日一早，袁世凯申令为了"救国救民"，只好当皇帝了。

袁世凯（左3）称帝后在天坛祭天

中华书局成立

中华书局创办于 1912 年元旦。

创办人陆费逵（号伯鸿）为乾隆时《四库全书》总校官陆费墀的裔孙，当过武昌小书店经理，又任过昌明公司上海支店经理、文明书局职员。1908年（光绪三十四年）进商务编译所任国文部编辑，后改任出版部长、《教育杂志》主编。辛亥革命爆发，他颇有远见，认定清王朝必定垮台，于是秘密筹措资金，挖走商务编辑人员，编写中小学教科书。就在中华民国宣告成立的同时，中华书局挂出了牌子，且推出了适应时局的第一批教科书。

中华书局出版的教科书，主要供中小学使用，此外也出版过少儿读物、师范教材和大学用书。中小学教本有《新编初小教科书》、《新中华教科书》等。1935 年出版的《辞海》更是闻名于世。

刘海粟开办绘画教育

1912 年，刘海粟在上海创办了上海美术专科学校的前身——上海图画美术院，这是中华民国时期第一所正规美术学校，从此揭开了中国现代美术教育的序幕。

刘海粟（1896 ～ 1995），中国现代画家，美术教育家。原名槃，又名九，字季芳，江苏常州人。幼年时接受良好的教育，入私塾习画写字，他学画不守常规，常信手画来。14 岁赴上海，进入当时著名画家周湘主办的布景画传习所学习，课余购得欧洲名画集并反复临摹，为绘画打下坚实基础。1912 年，刘海粟为发展东方固有的艺术，研究西方艺术的蕴奥，为在当时干燥枯寂的社会里，尽宣传艺术的责任，并谋中华艺术的复兴，与乌始光、张聿光等创办上海图画美术院。1915 年 3 月，为开办绘画教育，冲破封建束缚，在该院

大动荡大转变时期

西洋画科三年级设置人体模特写生课，并分别于 1917 年和 1919 年展出人体油画，引起社会的强烈反响。刘海粟在开办绘画教育中，鼓励学生走向社会，师法自然，进行旅行写生，还开办了暑假学校和函授班，普及美术绘画教育，并打破常规实行男女同校。在此期间，他撰写许多美术论文，介绍西方艺术，阐发中国传统画论，又在校出版美术理论杂志《美术》。1919 年春，与江新、汪亚尘等创立新美术团体——天马会。以后多次出国考察、研究美术，宣传中国传统绘画特点，使他的艺术在建国后进入全面发展阶段。

上海美术专科学校第 17 届西画系毕业班的教师、学生与裸体模特儿合影。1914 年起，刘海粟在这里首次采用人体写生进行教学。

苏曼殊创作文言小说

1912 年开始，苏曼殊陆续发表文言小说。

苏曼殊（1884 ~ 1918），原名戬，字子谷，后改名玄瑛，近代知名作家，广东香山（今中山）人。其父为旅日华商，母为日本人，他在日本横滨出生。这种特殊的家庭背景带来的家庭矛盾促使他早年出家为僧，"曼殊"即为其法号。他曾在日本加入留日学生组织的革命团体；也曾发表《反袁宣言》笔伐袁世凯窃国之罪。但他的情绪起伏不定，时而壮怀激烈，时而放浪不羁，过着时僧时俗的生活。

苏曼殊能诗擅画，但他最出名的还是文言小说的创作。从 1912 年起，苏曼殊陆续发表了 6 部文言小说，均以爱情为题材，从争取婚姻自由方面触及了反封建的主题。《断鸿零雁记》写男主人公三郎被继母拆散鸳鸯，愤而为僧；后赴日寻生母，虽然又滋生了新恋情，但终因皈依佛法，割断情丝而归；但其时原意中人已绝食而亡。书中以第一人称方式写作，某些情节是苏曼殊的飘零身世及爱情生活的写照。《非梦记》写男女主人公因门户不当而被迫分手，结果亦是男的出家，女的投水而亡。《碎簪记》在苏曼殊小说中最富于抗议精神，陈独秀称赞它具有"反对黑暗野蛮

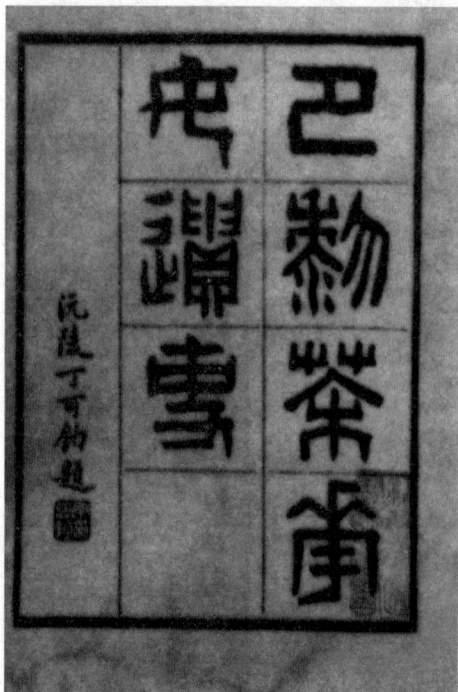

苏曼殊译《巴黎茶花女遗事》

时代"的战斗意义。小说主人公是封建礼教代表者，反对子女婚姻自主，结果三个男女青年殉情而死。这些小说中所展现的追求爱情和婚姻自主与封建礼法、门第、家族观念之间的冲突，具有时代意义，但作者却把这种冲突转化为主人公的个人心理矛盾，局限在反抗和屈服、入世和出世的选择上，往往又让主人公以寻求宗教解脱为出路，这样，小说就带较浓厚的悲观厌世色彩。在描写爱情主线的同时，苏曼殊在小说中对当时的社会生活和动乱也有所表现。如《绛纱记》中写了华侨资本家的倾轧、破产；《焚剑记》反映了辛亥革命前夕兵荒马乱，人民颠沛流离的黑暗现实。

苏曼殊的文言小说充满感伤情调和人世无常的消极情绪，然而情节曲折生动，文词清丽，别具一格，倾倒一时；并在一定程度上影响了辛亥革命后盛行于上海的"鸳鸯蝴蝶派"小说。

太虚法师力图复兴佛教

1912 年，太虚任中华佛教总会会刊《佛教月报》总编辑。撰文宣传"佛教复兴运动"，倡导革新佛教制度，力图复兴佛教。

太虚（1889 ~ 1947），法名唯心，别号悲华，俗姓吕，浙江崇德（今并入桐乡）人。光绪三十年（1904）15 岁时于苏州小九华寺出家，同年师事宁波天童寺寄禅和尚与南京杨仁山居士，潜心研究佛学。

宣统三年（1911）太虚在广州组织僧教育会，因时值黄花岗起义，曾作诗凭吊，不容于清政府，遂离穗返沪。次年又在沪创设中国佛教协进会（后并入中华佛教总会）。1913 年 2 月，太虚法师在寄禅和尚的追悼会上，为挽救佛教危机，首次提出佛教三大革命的主张。其具体内容为：教理革命、教制革命、教产革命。太虚称，三大革命与三民主义相印证，教理革命类似于民权主义，教制革命附着于民族主义，教产革命等同于民生主义。1917 年应邀赴台湾弘法，又在沪与章炳麟组织觉社，出版《觉社丛刊》（后改名《海潮音》）。曾去武昌、厦门、重庆等地创办佛学院，培养僧才。1925 年赴日本东京出席东亚佛教大会并考察日本佛教。1927 年任厦门普陀寺主持、闽南佛学院院长。次年在南京发起成立中国佛学会。同年秋游历英、法、德、比、美诸国，讲演佛学，并在巴黎筹组世界佛学苑，为华僧到欧美宣传佛教之始。1931年，在重庆北碚创设汉藏佛学院。抗战期间，组织中国宗教徒联谊会。率国际佛教代表团前往新加坡、印度、缅甸、锡兰等地访问，争取国际佛教徒对我国抗战之同情。抗战胜利后，在重庆组织"中国佛教整理委员会"，任主任。1947年病逝于上海玉佛寺。主要著作有《真现实论》、《法相唯识学》、《整理僧伽制度》、《太虚大师寰游记》等，弟子辑有《太虚大师全书》行世。

作为佛教的新派人物，太虚对法相唯识宗有极深之研究，主张把唯识思想应用于现代社会，力图复兴佛教，在中国佛教史上有相当的地位。

谛闲说法·天台宗名声大振

清代后期，天台宗高僧人数不少，他们在江浙一带讲学、著述，使天台宗旨得以维持。其中最为著名的是清末民初的谛闲法师。

谛闲（1858～1932），字古虚，号卓三，俗姓朱，浙江黄岩人。从小学习儒学，后来从医，感到医术"医病不能医命"，产生出家普渡众生之愿，又因妻儿、母亲相继病故，20岁时出家，几年后在天台山国清寺受戒，成为天台宗人。26岁跟从敏曦学《法华》，悟性极高，没有学完就已领会经中真谛。28岁升座讲经。以后曾两度"闭关"，出关后应各禅林邀请，讲《法华》、《楞严》、《弥陀》等经，法席遍至南北，信徒日增，声名远扬。1912年任天台名刹宁波观宗寺主持。1915年应袁世凯邀请赴北京说法，京城名公巨卿列席肃听，袁世凯赠以"宏阐南宗"的匾额。由于谛闲的讲经说法活动，天台宗名声大振。

谛闲1932年圆寂，身后留下大量著作，涵盖了佛教的许多经派，有《大佛顶首楞严经序指味疏》、《圆觉经讲义》、《金刚经新疏》、《教观纲宗讲录》、《华严宗普贤行愿品辑要疏》、《八识规矩颂讲义》、《省庵劝发菩提心文讲义录要》、《水忏申义疏》等，由弟子整理成《谛闲大师全集》问世。谛闲的佛学研究并不限于天台一派，他在佛学式微的年代中，以一己之力努力振兴佛学，取得了很大的成就。

026

京师图书馆成为国家图书馆

宣统元年（1909）四月，清学部奏请筹建京师图书馆。1912 年 7 月，北洋政府教育部批准了江翰呈报的京师图书馆阅览章程十八条。8 月 27 日京师图书馆作为国家图书馆正式开馆接待读者。

京师图书馆位于北京什刹海附近的广化寺。当时藏书 5424 部，131375 卷，52326 册，其中善本 880 部，28412 卷，10822 册。1917 年 1 月，馆址迁往安定门内方家胡同清国子监南学旧址。周树人（鲁迅）一度实际负责管理该馆工作，获得接受国内出版物呈缴本的权利，并入藏了《四库全书》和《永乐大典》残本。1928 年 7 月，改名为国立北平图书馆。1929 年 8 月，北平北海图书馆并入该馆。1931 年在北海西侧兴建了主体馆舍（即文津街馆舍）。1949 年中华人民共和国成立后，北平图书馆改名北京图书馆。1987 年 10 月馆址迁至海淀区白石桥路，原馆舍改为分馆。

北京图书馆作为中国唯一的国家图书馆，为全国收藏最富的图书馆。藏书包括古代重要典籍，近代著名学者手稿，各种学术著作，大量中外文社会科学技术书刊以及少数民族文版的图书等。其中古籍善本 30 多万册，包括敦煌写经、《永乐大典》、《四库全书》及其它古代写本、刻本等。

大动荡大转变时期

1915 年 10 月 25 日，孙中山与宋庆龄在日本东京举行结婚礼。图为孙中山与宋庆龄在日本结婚留影。

朱执信（1885～1920），广东番禺（今广州）人。早年留日，1905 年参加同盟会。1911年参加广州起义敢死队，失败后逃居香港。辛亥革命后，任广州军政府总参议。1913年参加"二次革命"。护法运动中，任广州大元帅府军事联络，并掌握机要文书，成为孙中山主要助手。后被桂系军阀杀害。

1912年8月25日，我国第一位飞行家和飞机设计师冯如在广州燕塘作飞行表演时，失事遇难，终年30岁。

康有为提出"大同"思想

1913年，康有为的《大同书》在《不忍》杂志上发表。

清朝末年，清廷腐败，外族入侵。民族矛盾日益加深。光绪十一年（1885），中国近代启蒙思想家、资产阶级改良派的主要代表康有为把资产阶级改良思想和儒家今文经学相结合，写成《人类公理》一书，初步提出"大同"思想。

康有为，19岁时"应乡试不售，愤学业之无成"，开始跟当时名儒朱次琦学习中国哲学及历史。在外国资本主义侵略的现实刺激下，他不满于埋首故

康有为像（1858～1927）

纸堆中，而"日有新思"。22岁时，立下"以经营天下为志"，从而转攻西学。从1888年至1898年，他先后七次上书光绪皇帝，提出"变法"主张。后组织强学会、保国会，为变法做准备。光绪二十四年戊戌变法期间，康有为成为改革派的政治领袖。变法失败后流亡国外。在周游世界的过程中，进一步目睹了西方资本主义文明，同时也看到了资本主义社会危机，接触到欧美空想社会主义学说的片断，在此基础上，完成了《人类公理》的补写工作。1913年以《大同书》为名，在《不忍》杂志上发表其中的甲、乙两部。

在《大同书》里，康有为具体提出了他的"大同"思想：①在儒家博爱观的基础上，运用今文经学的变易历史观和西方的进化论，天赋人权说与空想社会主义学说，对《春秋》公羊三世说进一步加工改造，提出了人类社会发展进程的新的公羊三世说——即由据乱世而升平世（小康）再到太平世（大同），并以"大同世界"的实现作为最高的社会理想。②提出了实现"大同世界"的道路。他认为人世间的种种苦难，其根源在于九界（国界、级界、种界、形界、家界、产界、乱界、类界、苦界），只有"破除九界"才能进入"大同世

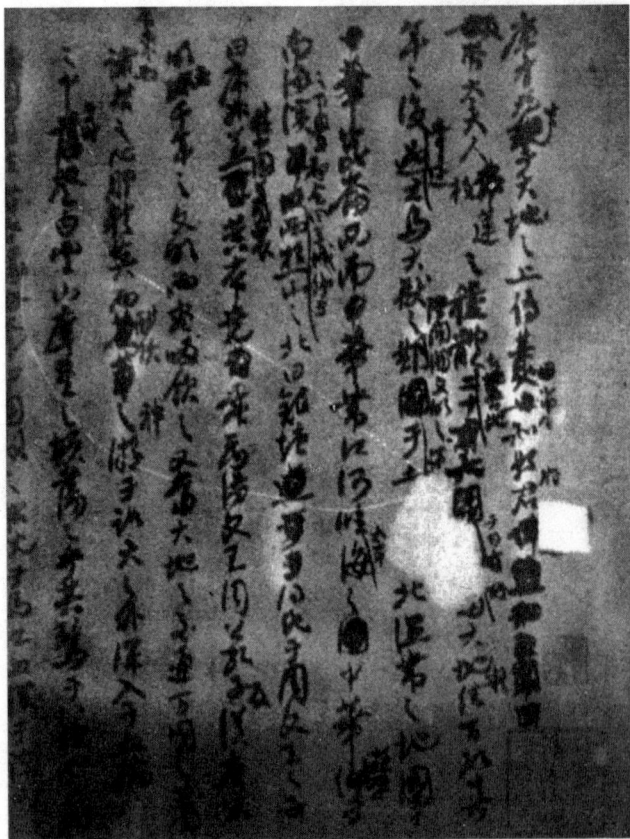

康有为《大同书》手稿

界"。他认为封建时代是据乱世，君主专制，贵族为胄、人民为奴，国国不合，家家不睦，贫富不均，所以必须消灭家庭（去家界），消灭私有制（去产界），消灭阶级（去级界），消灭国家（去国界）。西方的资本主义也只是升平世，而未来的社会才是"大同世界"。③为"大同世界"描绘了一幅理想的蓝图。"大同之世，天下为公，无有阶级，一切平等。"实行财产公有，没有阶级剥削和民族压迫，男女平等，个人绝对自由，少有所教，老有所养，没有军队和刑罚，没有皇帝和贵族，在民选的世界大同公政府的管理下，整个世界按地球经纬度划分出分政府，实行地方自治，等等。

康有为所提出的"大同"思想是资产阶级改革派"变法"理论的一个重要组成部分。作为新兴资产阶级的政治理想，它既深深打上了中国传统文化的烙印，又带有西方资产阶级民主制度的影子，还掺杂着欧美空想社会主义的成分。其中丰富的反封建、要求实现平等的思想内容，是对我国几千年来反封建理论的升华，在很大程度上，表达了人民对民主、自由、平等的要求，对幸福生活的渴望。然而，"大同"思想没有从社会经济的深层角度去揭示

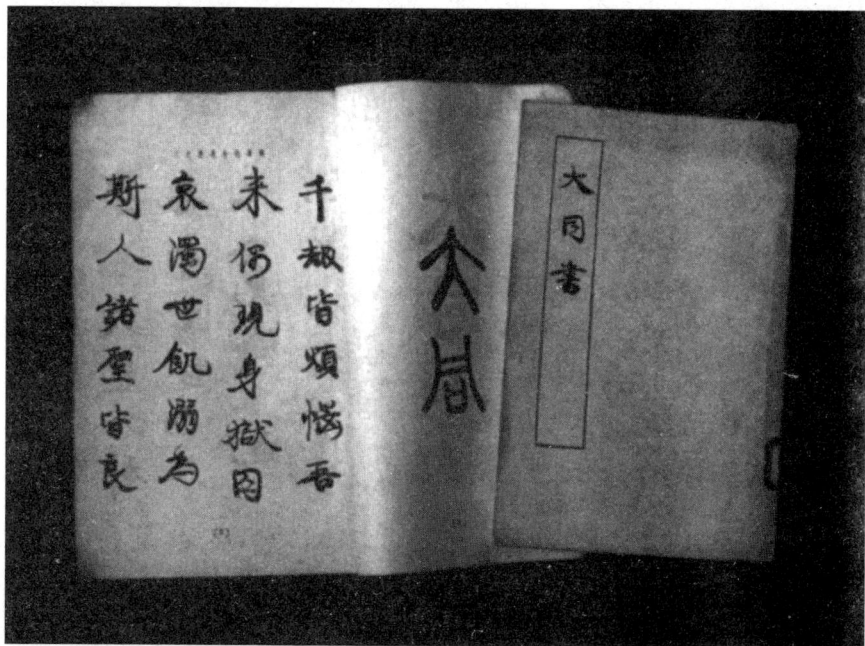

康有为《大同书》

社会发展规律,相反,则用空泛的理论来掩盖阶级矛盾,认为只要人人具有"不忍之心",就能消除社会痛苦,认为社会通过渐进、改良的道路就能进入大同世界,这只能是不切实际的幻想而已。

北洋政府开征印花税、统税和直接税

印花税筹议于 1896 年,1907 年清政府公布税则,但未能推行。1913 年北洋政府正式开办印花税:各类契约凭证,贴印花以示有效;应课物品,贴印花可抵现款。旋因主管当局以此滥印滥抵,搜括钱财,造成弊政。国民党政府曾修订章则,或按件、或按票证价额计税。抗战结束后又降低起征点,并提高税率和罚金一倍,使税额由抗战前的数百万元猛增至 1942 年的 2400 余万元。1943、1944 年又曾两度调整税则和提高税率。

统税亦自北洋政府开始征收,但范围很小,主要有 1921 年征收的卷烟统税,只在卷烟出厂时征收一次出厂税,此后不再征收。30 年代国民党政府实行裁厘加税,统税成为重要税制,征税货物包括棉纱、火柴、水泥、啤酒、卷烟、熏烟、面粉等 7 种。1943 年又加征竹木、皮毛、陶瓷、纸箔等统税。国内货物就厂征税,进口洋货在海关征收。抗战前税额达一亿元。抗战胜利后,改在进入后方的第一道关口查验征收,出厂税变为通过税。由于统税类多,各省又有名目繁多的苛捐杂税,所谓"统税"名不符实,意义全无。

直接税在北洋政府以前主要是田赋,是中国古代第一大税。近代以来,由于增设厘金税、海关税剧增以及盐税、契税、常关税增加等原因,直接税比重逐年下降,至中华民国成立,仅占 25%。为了增加直接税税收,此后相继开征所得税、过分利得税和遗产税。1914 年,北洋政府制定所得税条例,开征所得税,旋因政局变动而中止。1921 年再度开征,又因官俸积欠太多至无法纳税而罢。1935 年,国民党政府重订所得税法草案,于次年 10 月开征,分为营利事业所得税、薪给报酬所得税、证券存款所得税三大类,后又增加财产租赁出卖所得税。其中薪给报酬所得税,以平均每月所得超过 100 元至 200 元者,按超过额每 10 元课税 2 角;分 17 级累进,至每月所得超过 1 万元者,按超过额每 10 元课税 3 元。1936 年,国民党政府开征遗产税。1938 年公布《过分利得税条例》，1940 年开征。在以上三项直接税中，所得税手续繁复，其能在税源中主动扣缴者很少，而申报自缴者也多逃漏不实，难以核查，加以税吏多贪污受贿，实际收到的所得税并不多。遗产税一项，由于大家庭常不折产，继承财产者数值难定，该税有名无实。至于过分利得税，更因主要针对有产阶级，官僚资本首先抗缴，其他纳税人群起反对，实际未能实行。

陈嘉庚捐巨资办学

陈嘉庚（1874 ~ 1961），福建同安集美乡（今属厦门市）人。1890 年到新加坡经商，是马来亚最早大规模种植橡胶树的人之一。至 1925 年，他的事业达到鼎盛，共拥有资产 1200 万元，雇佣职工 2 万余名，有橡胶园 15000 英亩。

从民国二年（1913）开始，陈嘉庚先后在家乡捐资创办集美学村（含中小学、师范、水产、航海、商业、农业等学校）和厦门大学。同时，还资助福建省内 70 余所中小学，所捐办学资金达一千万元之巨。

陈嘉庚还是著名的华侨爱国领袖。他于宣统二年（1910）加入同盟会，募款支持孙中山的革命活动。抗战爆发后，他任南洋华侨筹赈祖国难民总会主席，大力宣传和推动了华侨支援祖国的抗日爱国运动。第三次国内革命战争时期，创办《南侨日报》，号召华侨支持国内的和平民主运动。受到中国共产党的高度赞扬。1950 年回国定居后，历任政协全国委员会副主席、全国人大常委会委员、中华全国归国华侨联合会主席等职。为团结广大海外侨胞及祖国的统一建设大业作出了重大贡献。

《中华大字典》成为收字最多的字典

1915 年，上海中华书局出版发行了《中华大字典》，收字 48200 个，较清代《康熙字典》增 1000 多字，成为当时中国收字最多的字典。

《中华大字典》由徐元浩、欧阳溥存、陆费逵等于 1909 年开始编纂，至 1914 年编成。除 1915 年上海中华书局版本外，1981 年北京中华书局有新印本。

该辞书以《康熙字典》为基础，在编排体例上，参照西方词典，并有所改革，在使用上较古代辞书更为方便，全书单字按214部首编排，收字除本字外，亦收列籀古省或俗伪诸字、近今方言、翻译新科学术语，并兼收词语。音切明确，每字下的注音均采用《集韵》的反切，并加直音，但又加注《佩文韵府》106韵的韵目，以资参照。书前附有《切韵指掌图》，以明反切声韵的类别。义训亦较古辞书有所增广，释义先讲本义，再析引申、转义、假借之义。本义之后，均列书证，疏解清晰，并注明出处，便于核检原文。所释字义分行排比，眉目清楚，义项详备，极便检阅。其中形体相同而音义并异的都另列一字，义同音异者则只列一字，此种安排为前人所未有。书末附有笔画检字，以便寻检。其缺点是字义分析过细，有时不免重复，且界限不清，略显破碎；有的字义仍沿用旧说，未加纠正；引文部分未列出篇目，且大多随意删节，有断章之嫌。

《新青年》创刊·推动新文化运动

《新青年》初名《青年杂志》，后改名《新青年》，由陈独秀主编，于1915年9月15日在上海创刊。初为月刊，是中国五四运动时期和第一次国内革命战争时期的著名刊物。

《新青年》的发展可分为三个阶段：第一阶段中它是新文化运动的中心，激进民主主义者的战斗旗帜，它所全力进行的反对封建主义思想的斗争客观上为马克思主义在中国的传播起了积极的作用。第二阶段它由民主主义刊物向社会主义刊物转变，在思想上为中国共产党的建立奠定了基础。第三阶段中它是中国共产党上海发起组的机关报和党中央早期的机关理论刊物，在宣传马克思列宁主义和中国共产党的方针、政策上有过一定的成就。

《新青年》宣传科学与民主，发起批孔运动和文学革命运动，成为新文化运动的倡导者和主要宣传阵地。陈独秀、李大钊、吴虞、鲁迅、钱玄同、胡适、刘半农、沈尹默等人经常为《新青年》撰文，形成了一条反封建的新文化运动战线。

《新青年》比较全面地批判了封建专制主义和封建道德，阐明了民主主义的政治主张。吴虞发表了《家族制度为专制主义之根据论》、《儒家主张阶级制度之害》等文，批判"孝为百行之本"的旧礼教，指出儒家的纲常礼教是中国专制制度的社会根基。陈独秀的《驳康有为致总统总理书》、《宪法与孔教》、《孔子之道与现代生活》等文章，认为孔子之道不符合现代生活，定礼教为"国教"违反思想自由的原则，孔教与帝制有不可分离之因缘，尊孔必将导致复辟。李大钊等人也纷纷发表文章猛烈攻击孔子学说，《新青年》一开始就高举反对封建文化的旗帜，打击了长期以来被作为封建制度思想支柱的旧礼教，反映了新起的激进民主派知识分子反对封建旧道德的决心和勇气。

《新青年》提倡科学，反对封建迷信，当时一些复古派企图以推行蒙昧主义来阻挡新思潮的影响，《新青年》针对《灵学丛志》所宣扬的封建迷信思想，以自然科学，尤其是达尔文的进化论和爱因斯坦的相对论来驳斥"灵学"及"鬼神之说"。指出中国要强盛就应该破除封建迷信，提倡科学。与此同时，把资产阶级的自由平等学说和"个性解放"思想、社会进化观点，作为反对旧道德的思想武器，使许多人逐步摆脱封建思想的束缚。

"五四"时期的陈独秀。1915年9月在上海创办《青年杂志》（从第2期起改为《新青年》），鼓吹新文化，提出民主和科学的口号，是"五四"运动领袖之一。

　　《新青年》积极提倡新文学反对旧文学，提倡白话文反对文言文。胡适的《文学改良刍议》，首先提出改革文学体裁和形式。陈独秀的《文学革命论》，主张推倒贵族文学、古典文学、山林文学，建设国民文学、写实文学、社会文学。他认为"今欲革新政治，势不得不革新盘踞于运用此政治者精神界之文学"。与此同时，李大钊、刘半农等人也纷纷发表文章反对"桐城谬种，选学妖孽"。以鲁迅的文学作品为代表，树立了批判现实主义的典范，造就了一个思想大解放、文风大解放的时代。

陈独秀创办的《青年杂志》创刊号

以《新青年》为主要阵地的新文化运动，在1918年以后特别是"五四"爱国运动以后有了新的发展，1918年10月李大钊发表《庶民的胜利》和《Bolshevism的胜利》两文，是《新青年》宣传俄国十月革命和社会主义的开始，为新文化运动注入了崭新的思想内容。1920年5月出版《劳动节纪念号》，明显出现社会主义方向。以《新青年》为核心，团结了许多知识分子共同向封建文化作斗争。文学革命这时也有了新的发展，《新青年》开展百家争鸣，自由探讨问题，改用白话文写作，使用新式标点符号等。

范旭东兴办化学工业

范旭东（1883 ~ 1945），字旭东，名锐。湖南长沙人。早年留学日本。毕业于京都帝国大学应用化学科。中华民国成立后返国，在财政部任职，并奉派往欧洲考察盐政。从1914年起先后在天津、南京、青岛等地创办化学工业企业10余家，成为中国民族化学工业的先驱者。

1914年，范旭东有感于洋货盛行，国人食盐多不合卫生，在天津塘沽集资创办久大精盐股份有限公司，生产简装精盐。1917年，与陈调甫等筹建永利制碱公司。1920年，在塘沽建成永利碱厂（或称永利沽厂），聘请化工专家侯德榜为技师长。1926年6月，永利制碱公司在索尔维法技术保密的情况下，自行研制生产出碳酸钠含量达99%的高质量洁白纯碱。其红三角牌纯碱并获美国费城万国博览会金质奖章。1930年再获比利时工商博览会金质奖章。红三角牌纯碱遂名声大振，畅销国内外，与国际制碱垄断集团卜内门化学工业公司的产品相抗衡。天津成为中国化学工业的发源地之一，而范旭东本人也在1924年当选为中华化学工业会副会长。

1922年，范旭东在塘沽创办黄海化学工业研究社，聘孙学悟为社长。研究社主要从事理论研究和资源调查，在盐卤、轻金属、肥料、细菌学等方面成就较大。同时还为久大、永利两企业援助技术。1924年，在青岛创办永裕盐业公司。1933年，在江苏大浦建久大分厂。次年改组永利制碱公司为永利化学工业公司，并于1937年在江苏六合县卸甲甸（今南京市大厂镇）建成硫酸铵厂，称为永利化学工业公司宁厂（简称永利宁厂）。是当时中国具有世

界先进水平的大型化工企业，也是远东最大的氮肥厂。为中国自产酸、碱两基本化工原料打下了基础。

抗日战争爆发后，天津、南京的化工厂相继陷于敌手。范旭东等遂以原企业部分职工为主力在四川重建化工基地，相继建成自贡久大盐厂、三一化工制品厂，乐山永利川厂以及由植物油制汽油企业、"侯氏碱法"中间试验厂等。又筹建合成氨厂，拟用侯氏制碱法生产纯碱和化肥。1944年，创立海洋化工研究室，致力发展海洋化工。1945年当选为中国化学学会理事长。

范旭东1945年10月逝世，毛泽东敬献挽联："工业先导，功在中华。"

赵尔巽等修《清史稿》

1914年，民国特设清史馆编修《清史稿》，至1927年基本完成。先后参与其事的有柯绍忞、王树枏、吴廷燮、缪荃孙、夏孙桐、金梁等百余人。

《清史稿》是记载清朝史事的纪传体史书，共529卷（原本为536卷）。计本纪25卷，共12帝；志135卷，共16类，其中《交通志》、《邦交志》为前史所无；表53卷，共10类；传316卷，《畴人》、《藩部》、《属国》三传为新创。

该书以丰富的史料为基础，按传统史书体裁，详细叙述了清代的人物、史事及典章制度，是一部较重要的大型清史著作。编纂者多系清朝遗老，站在清朝统治者的立场上，对其统治大加褒扬，而对反清人物、史事则一概加以贬斥；编纂者来不及直接利用清宫中的大量档案，致使该书价值有所降低；该书未经复审核定便仓促成书，史实、人物、时间、地点多有错漏。由于该书付印时只为"初稿"，亦称"未定稿"，加之差谬时见，因此未能做为正史得到当时官方的承认。

汉族妇女流行旗袍

1911年辛亥革命后，旗袍已不再为满人所专有，汉族妇女中也开始普遍

民国时期的妇女时装

民国时期的妇女时装

流行旗袍。

满族原是居住在中国东北长白山和黑龙江一带寒冷地区的少数民族，男女老幼一年四季均着袍服。因满族有著名的八旗制度，故又有"旗人"之称，这种袍服就被称作"旗袍"。旗袍有单、夹、皮之分。样式为圆领，右大襟带扣襻，下摆有直筒式、二面开衩和四面开衩三种；窄袖，袖端加半圆形"夹袖"，也称箭袖。穿用时习惯用布带束腰，便于骑射。

满人入关后，养尊处优，日常生活发生巨大变化。旗袍的样式亦有所变化，如在衣襟、袖口、领口等处加镶花纹或彩牙儿等，使服装更趋美观。在北京等地还进一步盛行"十八镶"的做法，即镶18道衣边，而且式样也逐渐变成宽袍大袖。

汉族妇女普遍穿着旗袍后，旗袍的样式又有了很大的变化：由肥变瘦，紧腰身，长及膝下，直领，衣袖由大变窄，并有长袖、短袖之分，两侧开衩，可高可低，显得更加美观大方。

旗袍是中国的传统民族服装，它的演变和流行，反映了中国社会、历史的变迁，在中国服饰史上占有一定的地位。

梅兰芳创古装新戏

辛亥革命后，京剧名旦梅兰芳首创演出了一种旦脚穿古装并以歌舞为主的新剧目，称古装新戏。

1915年，梅兰芳受戏曲改良思潮影响，萌发尝试穿古装演新戏的想法。为演出中秋节新戏，梅兰芳在齐如山与李释勘合作编写的神话故事京剧《嫦娥奔月》中饰嫦娥。他一改传统旦脚的扮相，参照国画中的古装仕女图像，在头面与服饰进行改革，加以舞台布景与灯光，给观众以耳目一新之感。演出成功后，梅兰芳又编演了取自《红楼梦》有关章节的《黛玉葬花》与《千金一笑》。他饰演的林黛玉和晴雯，歌舞并重，其受欢迎程度，甚至超过了他同时上演的京剧、昆曲传统剧目和时装新戏。之后，梅兰芳又陆续编演了新戏《天女散花》、《洛神》和《霸玉别姬》等，更进一步发展了古装新戏在艺术革新方面的特色。同时，其他一些旦行著名演员如冯子如、欧阳予倩等，

京剧《黛玉葬花》中的林黛玉（梅兰芳饰）

也进行革新实践。他们对京剧艺术的发展，特别是对旦脚行当艺术的表现力起了丰富和提高的作用。

王瑶卿创新京剧唱腔

王瑶卿（1881～1954），京剧演员，戏曲教育家。原名瑞臻，字稚庭，号菊痴，艺名瑶卿，晚年更名瑶青。9岁开蒙学青衣，10岁丧父。后在三庆班从师练武功，12岁后相继拜名师学青衣、刀马旦戏。14岁正式登台演出。16岁进福寿班演唱，经一番刻苦努力，已成为名演员。22岁（1902）时已有很高造诣，不仅青衣、刀马旦兼演，并对《儿女英雄传》、《雁门关》、《混元盒》等本戏作了革新尝试。同年秋被选为升平署外学民籍学生。常与京剧名宿谭鑫培、杨小楼合演，颇为谭鑫培所器重。1906年入同庆班同谭长期合作，演技突飞猛进。1909 年，他自己挑班建立了丹桂园，重排和新编了《五彩舆》、《十三妹》、《琵琶缘》、《福寿镜》等十余种剧目，充分发挥了他的创造才能，改变了以往京剧舞台上的生行领衔的局面，形成了风格清新、独树一帜的"王派"，时人将他与谭鑫培并称"梨园汤武"。

王瑶卿在表演上能博采众长，承先启后，上承梅巧玲、余紫云之衣钵，下启梅兰芳、程砚秋之端绪。他吸取前人的优点，打破行当限制，兼取青衣、刀马、闺门、花旦和昆曲旦行各功之长，对唱、念、做、打都进行了新的创造，丰富了京剧旦行的艺术手段，被誉为"非青衣、非花旦，卓然自成一家"，改变了以往旦脚表演中唱、念、做、打只攻一端的旧规，为京剧旦脚艺术的发展开拓了宽广的道路。他的唱功明丽刚健、遒劲爽脆，并善创新腔。尤以"西皮"见长，所唱"快板"最显功力。在做功身段方面，善于运用步法和水袖技巧塑造人物，并有独到的创造，还对服饰、妆扮和砌末、把子等也颇多改进，并

谭鑫培、王瑶卿（京剧《南天门》）

率先废除了踩跷。他晚年为《白蛇传》、《柳荫记》、《牛郎织女》设计唱腔，突破了七字句、十字句的格律，有所创新。他的艺术创新，丰富了戏曲表演艺术的现实主义传统。

京剧《穆柯寨》中的穆桂英、杨宗保

京剧《请医》中的刘高手、苍头（罗寿山、王凤卿饰）

江南丝竹迅速发展

清代末叶，一种以丝弦和竹管乐器演奏的器乐业渐渐流行于苏南、浙西和上海地区，后统一定名为江南丝竹。

民国初年，江南丝竹迅速发展。在上海先后成立了"钧天集"、"清平集"、"雅歌集"、"国乐研究社"等音乐组织，经常组织乐队演奏《欢乐歌》、《云庆》、《行街》、《四合如意》、《三六》、《慢三六》、《中花六板》、《慢六板》等曲目，时称"八大名曲"。乐队少则3～5人，一般为7～8人。常用乐器有二胡、小三弦、琵琶、扬琴、笛子、箫、笙、鼓、板、木鱼、铃等。江南丝竹旋律优美

京剧《虹霓关》中的东方氏、王伯党（余玉琴、朱素方饰）

抒情，风格清新流畅。笛子演奏注重气息的运用，高音悠扬清远，低音含蓄婉转，音色醇厚圆润，常用打音、倚音、赠音、震音、颤音等技巧润饰旋律。二胡弓法饱满柔和，力度变化细腻，左手惯用透音、带音、左侧音和勾音、尤以各种滑音技法，构成江南丝竹细腻清秀、明快健朗的个性。

刘宝全创京韵大鼓

刘宝全，原名刘毅民，河北深县人，京韵大鼓创始人。幼年从父学三弦，唱木板大鼓，之后师从盲艺人王庆和，又师从木板大鼓大师胡十、霍明亮，并为名家宋五担任伴奏，又学过一阵京剧，博采众长，弹唱技艺比较全面。1900年，他到北京演艺，得到京剧演员谭鑫培、孙菊仙等的指教，吸收了梆子腔、石韵书、马头调等戏曲、曲艺形式的声韵、唱法，吐字发音依照北京的语音声调，同时借鉴京剧的表演程式，形成一套适合于说唱艺术的表演技巧。此期间，刘宝全在文人庄荫棠的帮助下，修订了《白帝城》、《活捉三郎》、《徐母骂曹》等大鼓书词，丰富了演唱曲目。经过数年用心钻研，终于在以乡音演唱的河间木板大鼓的基础上，脱胎创出京韵大鼓。

1910年，刘宝全到天津，在上海升平茶园登台演唱，获得好评，形成京韵大鼓的主要艺术流派——"刘派"。此后，在北京、天津、上海、南京、汉口、济南等地演唱不辍，博得了"鼓界大王"的美称。

京韵大鼓的唱腔，经过刘宝全的改革创造丰富多采。他将木板大鼓以一板一眼和有板无眼为主的唱腔结构，改为以一板三眼的慢中板和有板无眼的紧板为主，必要时穿插一些一板一眼的板式。基本腔调有适于叙事的平腔，表现激昂情绪的高腔，表现平缓轻松情绪和作为预备腔之用的落腔，作为一个段落或全曲结尾之用的甩腔，和变化较多的起伏腔。起伏腔是"刘派"唱腔的主要创造，悠扬婉转，长于抒情，包括有各种长腔、悲腔、花腔。此外，京韵大鼓具有半说半唱的特色，唱中有说，说中有唱。

京韵大鼓擅长短篇唱段。刘宝全京韵大鼓的代表曲目有《单刀会》、《长坂坡》、《战长沙》等20多个。

与刘宝全并起的艺人还有张小轩、白云鹏，张小轩的演唱以京音纯正，演唱具有气脉贯通、一气呵成的特点而见长；白云鹏以腔调柔美、演唱风格朴素自然见长。他们对木板大鼓改革，各自形成了独特的艺术风格，成为民国初年京韵大鼓早期的三个重要流派。

茅台酒名扬世界

　　贵州省台怀县的茅台镇，早在前 135 年，已酿出具有独特风味的美酒。汉武帝曾称赞该地所产酒"甘美"。宋代张能臣著《酒名记》称茅台所产大曲酒"佳美"。康熙四十三年（1704）制出"茅春"、"烧春"、"回沙茅酒"，均以茅台命名，是茅台酒的直接源头。道光二十年（1840），茅台烧房（酒坊）已有 20 余家，产量居全国名酒之冠。随后，屡经兵燹，烧房被毁，酿酒中断。1915 年参加巴拿马万国博览会，被评为世界第二名酒，与法国的柯涅克白兰地（第一名），英国的苏格兰威士忌（第三名）并称为世界三大名酒。茅台酒以小麦制曲，以当地高粱为原料，用茅台镇的赤水河水并以朱砂土垫底发酵，经 8 次蒸糟，7 次下窖，7 次取酒，然后再贮存 3 年始装瓶出厂。

民国

1916 ~ 1920A.D.

1916A.D.

2 月 18 日，中华革命党在武昌、长沙起事失败。3 月 22 日，袁世凯下令撤销帝制。5 月 9 日，孙中山发表《第二次讨袁宣言》。6 月 6 日，袁世凯死，黎元洪继任大总统。黎元洪令恢复《临时约法》，并任段祺瑞为国务总理。

1917A.D.

7 月，张勋拥清废帝溥仪复辟。段祺瑞组 "讨逆军" 进入北京，驱逐张勋，复任国务总理。黎元洪通电去职。7 月 17 日，孙中山乘军舰由沪抵穗，倡导护法。9 月，广州非常国会选举孙中山为中华民国军政府海陆军大元帅，护法军政府成立。10 月，护法战争开始，南北两军在湖南衡阳一带激战。8 月 14 日，北京政府对德、奥两国宣战，参加第一次世界大战。

1918A.D.

苏俄政府公告废除中俄不平等条约。5 月，鲁迅发表《狂人日记》。8 月，冯国璋通电辞总统职。9 月 4 日，选举徐世昌为大总统。11 月 11 日，第一次世界大战结束。

1919A.D.

1 月，巴黎和会召开。6 月 29 日，巴黎和会决定将德国在山东权利让于日本。五四运动爆发。6 月 28 日，中国代表拒签对德和约。7 月，毛泽东创办《湘江评论》。10 月，中华革命党改组为中国国民党。

长沙女子赵五贞自刎事件震动全国。

1920A.D.

6 月 29 日，中国加入国际联盟。7 月，直皖战争爆发。7 月，第一次粤桂战争爆发。8 月，上海共产主义小组成立。10 月，北京共产主义小组成立。11 月 29 日，孙中山在广州重组军政府。

1916A.D.

俄国二月革命、十月革命爆发。弗洛伊德发表《精神分析入门》。

1918A.D.

德奥投降，第一次世界大战结束。欧洲各国纷纷革命。

1919A.D.

凡尔赛和会召开。第三国际成立。

1920A.D.

国联成立。

大动荡大转变时期

全国兴起反袁运动

袁世凯称帝后，全国迅速兴起反袁运动，云南护国军走在最前列。

1916年2月4日，云南护国军到达纳溪与川军刘存厚部会师，双方商定进攻泸州。2月9日，护国军会攻泸州失利。

2月初，护国军中路人马在湘西与袁军大战，又在贵州攻打綦江。

袁世凯的北洋嫡系也掀起反叛浪潮。

3月10日，冯国璋等5人联合发电给袁世凯，迫其退位，取消帝制。

3月24日，各省留沪国会议员谷钟秀、孙洪伊等50人通电各国公使，指出袁世凯"撤销帝制，欺罔中外，妄冀调停，徐图再举"。

1916年3月22日，袁世凯见大势已去，被迫宣布取消帝制。4月，孙中山（左5）、宋庆龄（左4）、何香凝（左6）、廖仲恺（后排左2）等在日本聚会，庆贺帝制取消。

护国军的炮队在攻击綦江城

同日，江苏公民袁希洛等特电袁世凯，要求"速将总统职务交由副总统摄行，静待国民组织特别法庭，听受裁判"。

27日，留沪国会议员汤化龙、谷钟秀、孙洪伊等67人又通电各省，认为袁氏叛逆罪案，既已成立，照临时约法，"总统资格业经丧失"。

同日，四川旅沪公民朱伯为等1583人致电袁世凯，认为袁已成为"政治上之罪犯，应由副总统暂摄事权，即日退位，静候国民裁判"。

广东、浙江、云南等省也陆续宣告独立。

5月9日，孙中山在抵达上海后发表宣言，放弃原来的方针，在政权问题上表示让步，与反袁各派合作讨袁。

5月9日，孙中山发表《第二次讨袁宣言》。

洪宪帝制失败·袁世凯愁死

袁世凯称帝后，受到全国人民的反对，洪宪帝制迅速崩溃。洪宪帝国仅存83天。

1916年2月23日，袁世凯公开下达延缓登极令。

2月，袁世凯政府陷于财政濒于破产的恐慌之中。云南独立前，袁世凯为推行帝制，耗资约6000万元，财政本已极其困难。云南独立后，张敬尧督队南下，曹锟布置司令部及设兵站、安粮台等种种开支，便用去500余万元。结果，大典筹备处呈领20万元登极费，仅领得12万元。

　　3月中旬，袁世凯迫于形势，不得不采纳冯国璋等五将军和政治顾问莫理循的建议，"立刻取消帝制"。

　　3月21日，袁世凯在怀仁堂召集各方联席会议，自国务卿陆徵祥以下至各部总长一律参加，袁世凯说明帝制无法坚持，决定明令取消。

　　至此，袁世凯的皇帝梦已宣告破灭。从元旦洪宪改元起，到3月23日颁令废止洪宪年号止，存在83天的洪宪帝国消失了。

　　5月29日，袁世凯发表文章，极力为自己开脱。袁世凯闻知南京会议讨论他的去留问题，即于5月29日发表了《宣布帝制案始末》的申令。他在文中极力推卸复辟帝制的责任，把变更国体的责任推给各省公民，说他是一个维持共和的人物，接受帝制完全是因为各代表、官吏众口同辞的拥护推戴，他本心不情愿改变国体，他自己是一个受骗者，且"今之反对帝制者，当日亦多在赞成之列"。

　　6月6日，袁世凯于愁困中死去。

袁世凯死后，产生了以黎元洪为总统、冯国璋为副总统、段祺瑞为国务总理的北京政权。图为段祺瑞的内阁成员：（右起）曹汝霖、刘冠雄、陆徵祥、段祺瑞、钱能训、段芝贵、朱深、傅增湘。

国民政府府院斗争激烈

袁世凯死后，黎元洪继任大总统，段祺瑞为国务总理，掌握实权。

1916年8月，政府与有实力的国务院矛盾开始明朗化。国务院已开始不再听命于黎元洪大总统的训令。袁世凯死后，段祺瑞立即起用他的亲信徐树铮为国务院秘书长。段的许多重大措施，大都出自他的策划，人们称他是段的"小扇子军师"。

徐树铮根本不把总统放在眼里。内阁的文件、命令呈交总统审阅、用印，本属国务院秘书长本职，但徐却时常借故不出面，派手下人向黎呈请用印，使黎非常不快。

8月1日，张国淦因故辞去本兼各职，总统府秘书长由参议员丁世峄继任。丁世峄到任后，力主提高总统地位，限制国务院秘书长职权。8月下旬，他提出《府院办事手续草案》。

段祺瑞便称病请假不出，并放风辞职，经熊希龄等劝解，才于26日销假视事。总统出席国务会议问题，段坚决不让步。最后府院双方议定折衷的办法：（1）总统不出席国务会议，但国务会议议事日程先期呈阅。（2）国务会议议事记录随时呈阅。（3）紧急军政要件，由国务员进府直接报告。（4）总统对于国务会议议决案件，如有认为不合者，得命总理及主管国务员说明理由，说明后如仍认为不合，得交回复议一次。（5）每日呈阅文件与呈请用印，由国务院秘书长亲送。

1917年3月初，段祺瑞等炮制出《加入协约国条件节略》。3日，国务会议通过向国会提出的对德绝交咨文和《加入协约国条件节略》。4日，段亲率阁员到总统府，请黎元洪在对德绝交咨文上盖印交国会通过，并将《加入协约国条件节略》发给章宗祥，与日本政府协商。黎以事关重大，还需慎重为辞，拒绝盖印。段愤怒离去，当晚即宣布辞职并离京赴津。一度缓和的府院之争骤然激化。

段祺瑞出走天津后，黎元洪借机改组内阁。5日，他请徐世昌、王士珍和赶到北京来磋商外交问题的副总统冯国璋一起到总统府议事。黎元洪请徐世昌和王士珍分别出任总理和陆军总长，但徐、王二人连连作揖，敬谢不敏。

张勋复辟

因对德宣战问题引起府院之争激化后，1917年6月2日，徐、段等人另组政府计划，遭到张勋强烈反对。张主张推翻民国，复辟清室，并警告段、徐等人"不得于通常名目之外，别立名目"。

张勋(1854～1923)，江西奉新人。民国后仍留长辫，其部队亦如此，故被称为"辫帅"、"辫子军"。1917年6月，他带兵进京，于7月1日扶持溥仪复辟，但仅12天便失败。

6月28日，曾以变法维新领袖身份名震天下的康有为秘密进京。

6月28日，康有为一行抵京，下车后即被张勋迎至他的公馆。当晚，张勋、康有为在张宅举行会议。康有为说，徐勤"自两广来归，悉南方诸帅，俱备响应"，督促张勋立即动手。会议当即决定了复辟计划。

6月7日，黎发布请张进京"调停国事"的总统命令。6月7日，张勋率辫子军步炮兵10营4300余人由徐州登车北上。黎元洪于12日下令免去伍廷芳的代总理，改任步兵统领江朝宗暂代。次日，由江朝宗副署，发布解散国会令。

13日，黎元洪通电说：解散国会。是日，张勋也通电全国说：大总统已颁明令解散国会，"拟即复命入都，共筹国是"。

30日傍晚，张勋偕刘廷琛潜入皇宫，与溥仪的师傅陈宝琛举行"御前会议"，将复辟行动计划告知清室。

7月1日凌晨，废帝溥仪在养心殿召见张勋。张率领诸人，向溥仪行三

复辟后的溥仪，坐在乾清宫宝座上。

跪九叩礼，接着由张奏请复辟。

同日，溥仪下八道"上谕"，内容为下诏即位。设内阁议政大臣，授张勋、王士珍、陈宝琛、梁敦彦、刘廷琛、袁大化、张镇芳为内阁议政大臣。

当天，张勋通电各省说："创改共和，纲纪隳颓，老成绝迹，暴民横恣。"只有实行君主制才能"享数百年之幸福"，并命令各地立即改用宣统年号，悬挂黄龙旗。

护法运动展开

张勋复辟引起全国上下一致反对。1917年7月2日，段祺瑞与徐世昌偕同靳云鹏、梁启超、汤化龙等人从天津乘汽车赶往马厂，确定以驻马厂的八师发起讨伐张勋的军事。与此同时，段派人运动驻廊坊的冯玉祥十六混成旅。

3日，驻保定第三师师长曹锟也参加讨逆军。当日，段在马厂召集军事会议，组成"讨逆军总司令部"，自任总司令。段祺瑞向全国发出反对复辟的通电。4日，段祺瑞、冯国璋联名通电，列举张勋等人破坏民国的八大罪状，宣布讨伐。同日，段芝贵自马厂誓师出发。

7月2日，广东省长朱庆澜邀请孙中山组织军政府。7月6日，孙率海琛、应瑞舰离沪赴粤，章太炎、朱执信、廖仲恺、陈炯明等同行。17日到达虎门，旋改乘江固舰抵黄埔。

19日，孙中山通过津、沪各报邀请国会议员南下护法，召开国会，以行"民国统治之权"。

21日，程璧光与第一舰队司令林葆怿率舰队自吴淞口开往广东，唐绍仪、汪精卫等同行。行前在沪发表《海军护法宣言》，宣布海军讨逆三大目标。

7月3日，冯国璋通电指斥张勋"逼勒清帝，擅行复辟"，表示要"誓扫妖氛，恭行天罚，刻日兴师问罪，殄此元凶"。

湖南督军谭延闿、湖北督军王占元、浙江督军杨善德、直隶督军曹锟、贵州督军刘显世、广东督军陈炳焜、山西督军阎锡山、山东督军张怀芝、河南督军赵倜、福建督军李厚基等也相继发表通电，反对复辟。

7月12日，讨逆军三路5万人总攻北京，张勋逃往荷兰使馆，"辫子军"

张勋复辟失败后，冯国璋（右）代行总统职，段祺瑞重任国务总理，段仍控制实权。

全部投降。

在天津进行幕后策划的段祺瑞，立即重掌北洋政府大权，迎冯国璋代理大总统，并于8月14日对德宣战。段以"再造共和"自居，拒绝恢复《临时约法》和国会，1918年2月纠集官僚政客组成新国会（安福国会），选举徐世昌为大总统。

为恢复《临时约法》及国会，孙中山发动护法运动。他率领宣布脱离北洋政府的海军于1917年7月由上海到广州，联合两广、云贵地方实力派，召开国会非常会议，于9月组成中华民国军政府。孙中山任海陆军大元帅，云南督军唐继尧和两广巡按使陆荣廷为元帅。护法政府拟由湖南进军北伐。

9月18日，湘南宣告独立，组成护法军湘南总司令部，程潜为总司令。

至此，以南北对峙为主要形式的护法战争正式拉开了战幕。

15日，护法军在北军撤出衡山后，向北推进，连克湘潭、株洲，直趋长沙。王、范被迫逃往岳阳。18日，湘军第一师师长赵恒惕抢先进入长沙，21日，程潜赶到长沙。第二天，湖南各界代表会议公举陆荣廷为湘粤桂巡阅使，谭浩明为湖南督军，程潜为省长。24日，程潜就任湖南省长。

11月1日，川边屯殖使张煦在西昌宣告独立，并致电军政府大元帅孙中山，表示"拥护真正之共和"。3日，颜德基以"四川靖国临时司令"名义，在绥定通电独立，宣布与西南一致行动。11月25日，焦子静等在陕西白水县通电宣布自立，筹建陕西护法军。11月26日，宁波驻军通电宣告自主。同日，温州、处州宣布独立，与宁波取一致行动。绍兴、台州、严州等处也随之响应，或宣告独立，或声称自立。陆荣廷等为了和北洋军妥协，操纵非常国会于1918年5月改组并控制了军政府，迫使孙中山辞去大元帅，离粤赴沪。

第一次出任大总统的黎元洪

段祺瑞重任总理后，拒绝恢复《临时约法》和召集国会，为此，孙中山提出打倒假共和，建设新共和的"护法运动"，得到桂军和滇军首领陆荣廷、唐继尧，海军总长程璧光的响应。1917年8、9月间，在广州召开国会非常会议，通过《中华民国军政府大纲》，选举孙中山为海陆军大元帅。

055

齐白石"衰年变法"

齐白石（1863～1957），名璜，字渭清，又字兰亭，号白石、濒生，别号白石山人、寄园、寄萍、寄萍堂主人、老萍、萍翁、寄幻、仙奴、阿芝、木居士、老木一、三百石印富翁、杏子坞老民、借山吟馆主者、借山翁、星塘老屋后人、湘上老农等。湖南湘潭人。10岁辍学在家牧牛砍柴。幼而喜画，自画自乐。15岁后拜师学木匠，善雕花，远近闻名。21岁得阅《芥子园画传》，初悟画理画法。27岁起，相继拜民间画师肖传鑫、文少可为师，学习画像。又拜胡自悼、陈作埙为师。跟胡自悼学画工笔花鸟草虫和书法，跟陈作埙学诗文。从此以画像、画中堂以及女眷用的帐檐、袖套、鞋样等维持生活，由木匠一变而为画匠。此后，齐白石刻苦攻读诗文，所画除人物画像外，尚有山水、花鸟草虫、仕女等，尤以仕女图闻名，人称"齐美人"。1894年，与同乡王仲言等7人成立龙山诗社，齐白石任会长，时称"龙山七子"。其诗不以用典和声律见长，而以抒写性情、浅显通晓取胜。1896年始学篆刻，从丁龙泓、黄小松两家刀法入手。常与黎松安切磋印术。数年之后，齐白石的诗书画篆刻之名渐从乡里传出，且越传越远。齐白石终于从一个雕花木匠和民间画师成为一名具有士大夫文人修养的艺术家。

1902年，齐白石开始出行远游。他先后到过西安、天津、北京、上海、苏州、南京、汉口、南昌、九江、桂林、钦州、肇庆、广州、香港等。其间多次返家，又多次出行。远游途中，寻山访水、拜会诗人和画家，一路吟诗作画，临摹真迹。这7年的远游生活，使齐白石极大地开阔了眼界，丰富了视野，画风竟至大变，由工笔转向大写意，而书法亦由写何绍基转而临《爨龙颜碑》；刻印则由学丁龙泓、黄小松转仿赵之谦。

1916年到北京定居，仍以卖画为生，与陈师曾交厚。其时，齐白石的画近于朱耷，风格冷逸，在北京不受欢迎。陈师曾力劝他自出新意。齐白石接受劝告，开始"衰年变法"。他将文人传统与民间传统、文人修养与农民气

齐白石《山溪群虾》

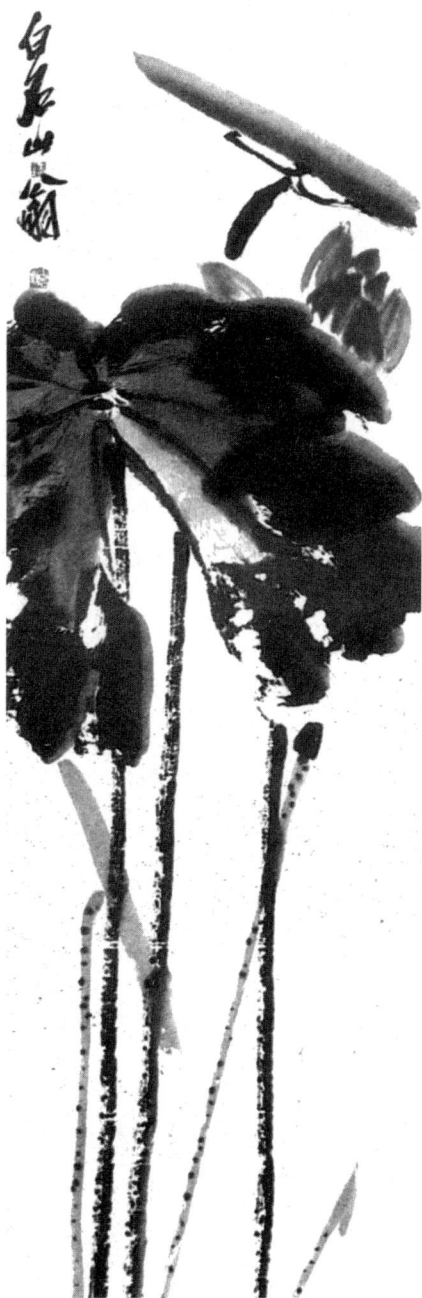

齐白石《荷花》

057

质自然地结合起来，创造出一种全新的境界。此后，齐白石画花鸟草虫笔酣墨饱，力健在锋，粗放与工细结合。尤其画蟹、虾，与前人大大不同，充满生趣。写意人物画简括、传神，充满人情味和幽默感。山水画则境界新奇而充满诗意，一扫近代山水画模拟靡弱之风，无论在造型、笔墨和结境创意上都自成风范，而格调在花鸟人物画之上。齐白石还常在画幅上题诗、题句，寓意既深，又充满睿智和风趣。

"衰年变法"为齐白石晚年的创作鼎盛奠定了基础，使齐白石成为中国近现代最伟大的画家之一。其诗、书、画、印、花鸟、人物、山水样样精通，且都有独创，为中国近现代画坛上所仅见。

1922年，陈师曾携齐白石的画至日本展出，首次将齐白石介绍到国外。1927年，齐白石出任北平艺术专科学校中国画教授。抗日战争期间，闭门谢客，1944年停止作画，以示心志。中华人民共和国成立后，先后出任中央美术学院名誉教授、中国文联主席团委员、中国美术家协会主席、中国画院名誉院长，被文化部授予"人民艺术家"荣誉称号，荣获世界和平理事会颁发的1955年度国际和平奖金。

齐白石的著述有《白石诗草》、《借山吟馆诗草》、《白石老人自述》。并有多种版本的画集和作品集出版。代表作花鸟画有《祖国万岁》、《瓶梅》、《牵牛花》、《百花鸽子》、《荷花鸳鸯》、《残荷》、《虾》、《蟹》等；山水画有《渔村夕照》、《海山帆影》、《晚霞山水》等；人物画有《仕女》、《钟馗》等。

胡适发表《文学改良刍议》、《尝试集》

"五四"运动前后，由于西方科学和民主思潮的大量输入，在中国知识界出现了一个以反帝反封建为内容的思想革命和文化启蒙运动，这就是"五四"新文化运动。以《新青年》为基地，各路战将反对旧文学，提倡新文学，作为"五四"新文化运动主将之一的胡适，也冲锋陷阵，写作了《文学改良刍议》、《尝试集》等一批文章作品，推动了新文学运动的发展。

1917年2月,胡适尚在美国时,即在《新青年》上发表了他回国前写成的《文学改良刍议》一文，首先提出文学改良所必须做到的八件事，又称为"八不主义"："一曰，须言之有物。二曰，不摹仿古人。三曰，须讲求文法。四曰，不作无病之呻吟。五曰，务去滥调套语。六曰，不用典。七曰，不讲对仗。八曰，不避俗字俗语。"并提出今人文学和活文学之说，认为每个时代都要有适应于时代而生的文学，"古人已造古人之文学，今人当造今人之文学"。而活文学的产生，首要的是在文学媒体上下功夫，"中国若想有活文学，必须用白话，必须用国语，必须做国语的文学"，极力强调白话文作为文学媒介的重要性，正如他在《建设的文学革命论》中所说的，"建设新文学论的宗旨只有十个大字：'国语的文学，文学的国语'"。

　　不但在文学改良的理论上，在文学实践中胡适也颇有建树，他的《尝试集》中所收集的一些白话诗，就是现代文学史上的第一批新诗，这些新诗采用自然音节和自由句式，作品所表达的内容也是民主主义和人道主义方面的思想。另外，胡适还翻译了一些外国文学作品，并自己尝试着写剧本。

胡适（1891～1962），安徽绩溪人。北京大学哲学系教授，新文化运动发起人之一，《新青年》编辑之一。

蔡元培改革教育

　　蔡元培（1868～1940），中国近代著名教育家、科学家和民主革命家。字鹤卿，号孑民，浙江绍兴人。1917年出任北京大学校长，支持新文化运动，奉行"思想自由、兼容并包"的方针，引进资本主义国家的教育制度与方法，整顿校风，改革教学，网罗人才，使北大面貌焕然一新。因支持"五四"反帝爱国运动而被迫辞职。后赴欧美考察教育和从事学术研究。1927年后任国民党政府大学院院长、中央研究院院长等，并兼任交通大学、中法大学、国立西湖艺术院（后改为杭州艺专）等多所高等学校校长等。"九·一八"事变后主张抗日，并与宋庆龄、鲁迅等发起组织中国民权保障同盟，积极开展抗日爱国运动。

　　蔡元培的教育思想体系是以军国民教育、实利主义教育为急务，以道德教育为中心，以世界观教育为终极目的，以美育为桥梁。他将教育分为"隶属于政治"和

蔡元培像

1921 年 9 月，蔡元培（中）率中国教育代表团出席太平洋各国教育会议时与代表团成员合影。

"超轶乎政治"两类，认为隶属于政治的有军国民教育、实利主义教育和道德教育，而超轶乎政治的则是世界观教育和美育，认为二类五种教育均不可偏废。为了富国强兵，需要军国民教育和实利主义教育，但"必须道德为根本"。认为公民道德的主要内容就是法国资产阶级民主革命所提出的"自由"、"平等"、"博爱"。并且他将欧洲的资产阶级道德观念同中国封建主义道德观念糅合在一起，从而形成了现象世界的教育目的。但他又认为教育的终极目的还在于追求超现实的实体世界，使人达到最高精神境界，因此还必须有世界观教育。并认为这种世界观教育是和知、情、意、德、智、体诸者的统一体，从现象世界进入实体世界只能依靠浑然直觉的美感，而不能依靠经验或论理，美感是两个世界的桥梁，因而主张以美育代宗教，通过美育以引导受教育者达到最高精神境界。以这一教育思想体系为方针，他提倡实行资产阶级自由主义教育。

在出任南京临时政府教育总长和北京大学校长期间，蔡元培的教育思想多有实践，尤其是在出任北京大学校长时，进行了改革。他提出大学的性质在于研究高深学问。为使学术昌盛，提倡思想自由，兼容并包。并主张学与术分校，文与理通科，"学为学理，术为应用"，"学必借术以应用，术必以学为基本"，"治学者可谓之'大学'，治术者可谓之'高等专门学校'"。在这一思想指导下，他将北京大学的工科并入北洋大学，取消文理各科界限，全校整编为14个学系，且改"学年制"为"选科制"。不仅如此，他还首先在北京大学设立研究所，作为研究学术和培养研究生的专门机构；倡议改良讲义；改进教学方法；组织学术活动，聘请国内外专家讲学，使学生得以广泛涉猎各种学理。并在校内实行学生自治，教授治校。如此等等在中国有深远影响，被称为自由主义教育家。

另外，蔡元培也很重视劳动教育、平民教育和女子教育，认为劳动教育可使人民大众养成劳动习惯，平民教育可使全国平民都有受教育的机会，达到人人平等；女子教育可以造成完全人格，男女平等，国家隆盛。为此，他在北京大学办校役班和平民学校，在上海创办爱国女校，并使北京大学在全国高等学校中率先招收女大学生。这些实践都反映了他的先进的教育思想。

蔡元培的教育思想及其实践和改革，对于在中国确立近代资产阶级教育体制，对于中国教育的发展，尤其是对于改革高等教育，起了积极的推动作用。

李大钊宣传共产主义

　　1918 年 11 月 15 日，《新青年》第五卷第五号发表李大钊的文章《庶民的胜利》。他在文中畅谈他理想中的未来中国。他说，我们这几天庆祝第一次世界大战胜利，究竟是为哪个庆祝？我老老实实讲一句话，这回战胜的，不是联合国的武力，是世界人类的新精神。不是哪一国的军阀或资本家的政府，是全世界的庶民。

　　劳工主义既然胜利，今后人人都成了庶民，也就都成了工人。

　　11 月 15 日，李大钊在《新青年》杂志上发表另一文章《布尔什维主义的胜利》，更明确地指出，第一次大战的结局"是民主主义的胜利，是社会主义的胜利，是布尔什维主义的胜利，是赤旗的胜利，是世界劳工阶级的胜利，是二十世纪新潮流的胜利"；布尔什维主义就是俄国布尔什维克所抱的主义，

1918 年的李大钊

《青年杂志》从第 2 期起改名《新青年》

他们的目的"在把现在为社会主义的障碍的国家界限打破，把资本家独占利益的生产制度打破"，"他们的战争，是阶级战争，是全世界无产庶民对于世界资本家的战争"，"试看将来的环球，必是赤旗的世界"！

北京庆祝一战胜利

欧洲战场第一次世界大战结束后，宣布参战的北洋政府大肆庆祝。

1918 年 11 月 16 日，大总统徐世昌下令全国庆祝第一次世界大战胜利。23 日，国务院发出通告："本月 28 日，庆祝欧战完全胜利，所有各机关应放假一日。"

28 日，北京政府在紫禁城太和殿前举行盛大阅兵式。美、英、法、意、日等国士兵参加受阅，中国士兵以段祺瑞为总指挥。同时，内务部发出训令，要求各类宗教团体均于 12 月 1 日按各自教规举行祈祷仪式。

11 月 13 日，北京沉浸在一战结束的欢呼声中。兴奋的人们将象征耻辱的克林德碑，改名为"公理战胜"，由东单迁移至中央公园。北大学生在天安门搭台演讲数日。

1918 年 11 月 28 日，大总统徐世昌率国务总理、陆军部长等官员在皇宫太和殿致词，各国公使到场，宣称"公理战胜强权"。

1918 年 11 月 28 日至 30 日，北京政府以参战胜利国资格举行大庆。这是在皇宫太和殿前举行阅兵典礼。

从东单移至中央公园的原克林德碑改名"公理战胜"

孙中山著《心理建设》

辛亥革命失败后，孙中山于 1917～1919 年撰写了他的哲学巨著——《心理建设》，对自己 30 年来从事革命的经验和教训从哲学上加以概括总结，这些思想成为三民主义的理论基础。

《心理建设》又名《孙文学说》，它是孙中山《建国方略》的一个重要组成部分。该书从认识论的高度分析革命失败的原因，从而把思想建设提到革命的首位。孙中山认为，革命党人之所以畏惧妥协，是由于受到"知易行难"说的影响，在心理上没有树立坚强的革命信念，往往被"知之非艰，行之惟艰"的传统观念束缚，所以在行动上表现得不够果敢。为了激励革命党人"有志竟成"的革命信念，他力辟"知易行难"说，大力倡导"知难行易"，并且从自然科学到社会科学对其知行学说进行了全面论述。

"知难行易"思想是孙中山知行学说中较有特色的一部分。他在《心理建设》一书中，以近代自然科学和社会生活为依据，列举饮食、造船、电学、化学、进化等"十事"为例，反驳"知易行难"的观点，以证明"行之非艰，知之惟艰"的道理。孙中山的"知难行易"说反映了人类获得真知的艰难历程，也说明了中国人民探索

孙中山回上海后，主编《建设》杂志，著书立说。这是他在寓所写作。

救国救民真理的艰辛，鼓励人民追求革命真理。

孙中山的"知"包括对自然和社会规律的认识，他的"行"也不仅仅是人的道德践履，还触及到人类的生产活动、科学试验和资产阶级民主主义革命活动。他把"行"提到认识论的突出地位，同时提出用视察和判断（即科学和哲学）两种考察方法求知，强调科学理论对革命和建设的指导作用，这些思想在当时都有进步意义。它在一定程度上鼓舞了革命人士的斗志，引导他们以不屈不挠、勇往直前的精神追求革命真理。

在中国哲学史上，孙中山的知行说成为古代唯物主义知行观向辩证唯物主义知行观转变的一个过渡环节，具有思想解放的意义。

鲁迅发表《狂人日记》

1918 年，鲁迅发表小说《狂人日记》，吹响了讨伐封建社会的第一声号角。

鲁迅（1881 ~ 1936）原姓周，名樟寿，字豫山，后改名树人，字豫才。浙江绍兴人。现代伟大的文学家、思想家。"鲁迅"是他在《新青年》上发表小说《狂人日记》时开始使用的笔名。他出生在一个逐渐没落的封建士大夫家庭，从小受过传统的诗书经传教育。但他有广泛的阅读兴趣，涉猎过许多野史、杂记和小说，特别是那些富有爱国精神和民主思想的著作，这有助于他后来对历史形成比较全面的看法；对绣像、图谱等民间艺术和民间传说，他也深切爱好。由于外婆家在乡下，鲁迅有机会接触农村

鲁讯（1881~1936），原名周树人，1919 年起以笔名"鲁迅"发表文章。图为鲁迅 1902 年到日本留学后，剪去长辫拍的"断发照"。

生活，了解了广大贫苦农民的生活和精神状况，并同他们建立了思想感情上的联系。鲁迅 13 岁那年，祖父因科场案下狱，后父亲又卧病 3 年死去。家道式微使身为长子的鲁迅备受亲邻的冷眼，他在困顿中"看见世人的真面目"，对社会的世态炎凉感受颇深，从而憎恶自己出身的阶级和冷酷的旧社会。这些经历深刻地影响了他以后的思想发展和文学创作。

1898 年，鲁迅到南京求学，开始接触西方的社会科学、自然科学和文学，其中对他影响最大的是严复译述的赫胥黎的《天演论》。他由此接受了进化论思想，并在后来很长的时间内以此作为观察社会的思想武器。1902 年，鲁迅赴日本留学。在东京他经常参加留学生的反清集会，并写下了"我以我血荐轩辕"的诗句表明以身许国的志向。鉴于"日本维新是大半发端于西方医学"，他立志学医，希望以新的医学来"促进国人对于维新的信仰"，并能救治像他父亲那样的疾病。但后来他觉悟到对于愚弱的国民，首要的还在于改变他们的精神。他认为文艺是改变精神的利器，故弃医从文。1906 年鲁迅退学到东京，一方面从事译书、撰稿等文学活动，一方面投身于资产阶级民主革命运动，参加了章太炎等创立的反清革命组织光复会。这时鲁迅的反帝反封建的民主主义思想开始形成。

1909 年鲁迅回国，辛亥革命爆发后他以兴奋的心情迎接和支持它。南京临时政府成立后，鲁迅应邀到教育部任职，后随政府迁往北京。但辛亥革命未能完成反帝反封建的历史任务，篡国复辟的风潮迭起，鲁迅深感失望和苦闷，于是沉默了一个时期，埋头于整理古籍、抄录金石碑帖。

1917 年俄国十月革命胜利后，鲁迅看到了"新世纪的曙光"，他以新的姿态投身于革命。1918 年，鲁迅参加了《新青年》的编辑工作；同年 5 月，他在该刊发表了他的第一篇白话小说《狂人日记》。小说通过一个患迫害狂的精神病人的心理活动和精神状态，把对社会生活的具体描写和对狂人特有的内心感受的刻划结合在一起，以此来暴露封建"家族制度和礼教的弊害"，抨击辗转因袭的"精神文明"的冷酷和虚伪，指出封建社会的历史是人吃人的历史。小说以狂人为主角是一个精心而独到的安排，鲁迅以他早年所学的医学知识，本着严格的现实主义态度，通过"迫害狂"患者对环境的感受和他在精神错乱时发出的谵语，巧妙地揭示了普遍存在于精神领域内的"人吃人"的实质。作者借狂人之口，拆穿了旧中国历史的真相："我翻开历史一查，这历史没有年代,歪歪斜斜的每页上都写着'仁义道德'几个字。我横竖睡不着,仔细看了半夜,才从字缝里看出字来,满本都写着两个字是'吃人'。"这是对封建社会历史现象的惊心动魄的概括,具有巨大的批判力量。小说的艺术构思也是新颖的。鲁迅在中国首创了日记体小说,并吸收了象征主义的手法,让狂人于胡言乱语中道破历史的真相,亦真亦幻,以虚证实,令读者耳目一新。

《狂人日记》亦是现代文学史上第一部白话小说,它以"表现的深切和格式的特别"产生了广泛而深远的影响,堪称向封建社会讨伐的第一声号角,在文学史上有划时代的意义。它是鲁迅沉寂多年后的第一声呐喊,由此他开始了新的文学战斗历程。

邵飘萍创办《京报》

1918 年 10 月 5 日,在北洋政府的支持下,邵飘萍在北京创办《京报》,并亲任社长。

邵飘萍(1886 ~ 1926),曾用名镜清、振青,笔名飘萍、素昧,浙江东阳人,是中国现代著名的新闻记者、报刊活动家和新闻教育家。1911 年,他在杭州创办《汉民日报》,因宣扬反对袁世凯的言论,被捕入狱。1914 年赴日留学,创办"东京通信社"。1916 年返国,任《申报》驻北京特派员,写作了大量脍炙人口的"北京特别通信"。1916 年 7 月创办新闻编译社。1918 年创立《京报》。同年,在北大创立北京大学新闻学研究会,教授"新闻采

邵飘萍(1884 ~ 1926),浙江金华人,著名新闻记者。"三一八"惨案发生后,积极支持群众的反帝反军阀斗争,1926 年 4 月 26 日被奉系军阀以"宣传赤化"的罪名杀害。

访"和"新闻学理论"等课程,开中国教育史上新闻教育之先河。因多次在《京报》上著文批评反动军阀的卖国行为,多次受迫害,最终被奉系军阀杀害。

《京报》是一份对开四版的日报,从它诞生的第一天起,就极力关注时局、政局的变化,旗帜鲜明地反帝反军阀。创办不到一年,就因载有指责段祺瑞政府的新闻评论而遭查封。1920年复刊后,又极力支持国共合作,支持孙中山先生的国民革命,支持"联俄、联共、扶助农工"的三大政策,并多次刊登有关社会主义理论的著作,出版"马克思纪念专刊"和"列宁专刊"。特别是在1925年邵飘萍秘密加入中国共产党后,《京报》更将犀利的笔锋指向帝国主义和军阀主义,刊出"打倒外国强盗"、"打倒帝国主义"的斗争口号。除《京报》主刊外,还出版了多达23种的《京报》副刊,比较著名的有孙伏园主编的《京报》副刊和鲁迅主编的《莽原》等。

在邵飘萍于1926年被奉系军阀杀害后,《京报》被迫停刊,但时隔两年,在邵夫人汤修慧的主持下,《京报》又得以复刊。直至1937年7月才最终停刊。

北京大学文科研究所创立

北京大学文科研究所为北京大学所属研究文、史、哲等学科和培养研究生的科研机构,创立于1918年。1921年称北京大学研究所国学门,后又改称北京大学研究院文史部。沈兼士、刘复先后负责。1934年始称北京大学文科研究所。抗日战争爆发后,该所随北京大学南撤,并于1939年在昆明恢复。1945年抗战胜利后随校迁回北平(今北京)。1952年院系调整时停办。

该所学术资料丰富,工作范围广泛,其不同阶段的工作重点也不尽相同。在历史、考古方面,整理编纂清内阁大库档案,两次参加西北科学考察团考古工作,整理所藏甲骨文、封泥、古钱币、金石拓片和古籍,编纂太平天国史料,整理民国史料等;在语言、文学方面,研究文字学、音韵学、中国文学史和文学古籍以及西洋文学等,并整理研究西南少数民族语言、关中方言、歌谣等;在哲学方面,则有中国哲学和宗教史研究、西洋哲学编译等。研究范围广泛,硕果累累。

该所除出版多种专著外,还出版有学术刊物《国学季刊》。

"五四"前后，北京大学成为新思潮的传播中心。图为1918年6月北京大学文科哲学门第二次毕业生与老师在北大办公处门前合影。前排左起第5人为蔡元培，弟6人为陈独秀，第7人为梁漱溟；2排左起第4人为冯友兰。

南洋兄弟烟草公司改组后迅速发展

　　创办于1909年的广东南洋兄弟烟草公司于1918年实行改组，由无限公司改组为股份有限公司，总部由广东移至上海。次年向社会公开招股，资本由最初的10万港元扩大为1500万港元，公司创办人简照南（名耀登，字肇章，1870～1923）、简玉阶（1875～1957）兄弟各占一半股份。简照南被举为公司"永远总理"，简玉阶为协理。此后，公司发展速度明显加快，先后在上海、香港、浦东、汉口等地设立分厂或增置设备，开办锡纸厂、印刷厂和制罐厂等，并在烟叶产地创设收烟厂（烤烟），销售机构遍布全国各大城市及东南亚各地，职工达1万多人。至1927年10月企业实有资本已近2000万元。但此后，由于国民党加征卷烟统税，帝国主义与官僚资本乘机而入，造

南洋兄弟烟草股份有限公司制造厂

成公司营业连年亏损，至 1931 年资本额减至 1125 万元。1937 年，更被官僚资本低价收购半数股权，宋子文（1894～1971）出任董事长，原总经理简玉阶降为徒有其名的董事和设计委员。此后，企业实权一直为官僚资本所把持。1951 年 2 月实现公私合营，简玉阶出任副董事长，简日林（简照南之子）被聘任为总经理。

中国在巴黎和会上失败

1918 年 12 月 1 日，外交总长、中国出席巴黎和会的首席代表陆徵祥偕夫人乘火车启程离京。1919 年 2 月 15 日，中国代表向巴黎和会提交要求将德在山东利益交还中国"说帖"。

该说帖全称《中国要求胶澳租借地胶济铁路暨德国所有他项关于山东省权利之直接归还说帖》，并附各项密约、条约、外交文书 19 件。这是中国向巴黎和会提出的最重要的一项文件。说帖再次强调德国在山东的各项权益应

1919 年 1 月 18 日至 6 月 28 日，27 个第一次世界大战战胜国成员，在巴黎举行处置战败国的"和平会议"。中国作为战胜国派团参加会议。会议决定将战败的德国在中国山东不合理权益转让给日本。北京政府准备在"和约"上签字。消息传回中国，激起了国人强烈反对。"五四"爱国运动爆发。

直接归还中国。

4 月 22 日，陆徵祥、顾维钧应邀出席五国会议，这是中国代表最后一次出席最高会议。日本提出在对德和约草约中，将山东问题单列一条。威尔逊一改同情中国的论调，倾向日本。

4 月 30 日，五国会议对山东问题作出最后裁决，在对德和约中，将山东问题从中国问题中单列出来，成为一个单独的问题。

山东问题共有三项条款，即第一五六条：德国将按照 1898 年 3 月 6 日与中国所订条约，及关于山东省之其他条件所获得之一切权利、所有权名义及特权，其中关于胶州领土、铁路、矿产及海底电线为尤要，放弃以与日本。

三条款中没有写上日本须将山东交还中国的字样。至此，中国在山东问题上的交涉完全失败。

5 月 2 日，北京《晨报》刊登徐世昌的顾问和总统府外交委员会委员兼事务长林长民的《外交警报敬告国民》一文，证实巴黎和会上中国外交失败的消息。此事一披露，国人无不震惊。

五四运动全面爆发

1919年1月，英、法、日等在法国凡尔赛宫举行和平会议。作为战胜国之一的中国派代表出席会议。但会议拒绝了中国代表团关于收回山东主权的合理要求，而决定将德国在山东掠夺的一切权益转让给日本。这个消息传到国内，群情激愤，舆论鼎沸。人们对帝国主义列强的幻想破灭了。

5月3日夜，北京大学校园内一片沸腾，在法科礼堂聚集着千余名学生及外校学生代表，共同商讨行动方案。会议气氛异常激昂，大会推选北大法科学生廖书仓为临时主席，许德珩起草宣言。先由《京报》主笔、北大讲师邵飘萍报告山东问题，然后北大学生和各校学生代表相继发言。

大会议决办法四条：（1）联合各界一致力争；（2）通电巴黎专使，坚持不在和约上签字；（3）通电全国各省市于5月7日国耻纪念日举行群众游行示威；（4）5月4日齐集天安门举行学界大示威。

5月4日，中午，徐世昌在中南海总统府内设宴款待刚刚回国的章宗祥，作陪的有钱能训、曹汝霖、陆宗舆。就在他们举杯之际，"五·四"运动爆发了。

1时许，北京十余所学校的3000多爱国学生，齐集天安门，北大学生傅斯年作为总指挥。他们手执书有"还我青岛"、"保我主权"、"诛卖国贼曹汝霖、章宗祥、陆宗舆"等等标语。一面大白旗上写着的一副对联："卖国求荣，早知曹瞒遗种碑无字；倾心媚外，不期章惇余孽死有头。"学生在广场散发油

"五四"运动时的纪念章

印的《北京学生界宣言》。

　　消息立即报告到宴会中的徐世昌那里，徐世昌随即下令京师警察厅总监吴炳湘妥速解决，不许游行。席散后，陆宗舆先行离去，2时半左右，曹汝霖偕章宗祥乘车来到赵家楼曹汝霖住宅。这时，警厅派三四十名警察前来保护，但对曹汝霖说：上头命令，文明对待。

1919年5月4日下午，北京大学的游行队伍向天安门进发。

5月4日下午1时，北京大学学生从红楼出发向天安门广场集中。

学生们在天安门举行集会后，决定到东交民巷向各国驻华使馆请愿。

游行队伍来到赵家楼胡同时，曹宅大门紧闭。此时曹汝霖仓猝避入一小储藏室中，章宗祥由仆人引到地下锅炉房躲藏。大门撞倒，学生蜂涌而入，到处寻找曹汝霖。未找到曹汝霖，愤怒的人群便放起一把火，章宗祥从锅炉房中跑出，被学生发现，将他痛打一顿。随后，警察总监吴炳湘率大批人马赶到，逮捕了32名学生。

北京专科以上学校学生罢课，通电全国各地表示抗议，要求释放被捕学生。天津、长沙等城市学生纷纷集会游行，声援北京学生。在巴黎的中国代表也拒绝签约。

6月初，北京政府下令查禁学生联合会，逮捕上街讲演的学生近千人，激起了全国人民更大的愤怒。上海人民首先行动起来，学生罢课，商人罢市，六七万工人联合举行了政治大罢工。上海的"三罢"斗争，很快波及全国20多个省、150多个大中小城市，形成了全国性的声势浩大的爱国运动，终于迫使北京政府释放了全部被捕学生，免去曹、章、陆的官职，并拒绝在和约上签字。五四爱国运动的直接目标得以实现。在这次运动中，中国工人阶级以独立的政治力量登上历史舞台，标志着中国新民主主义革命的开端。

游行学生高举的标语上写着："杀千刀的曹汝霖还我青岛来"。

大动荡大转变时期

1919 年 5 月 7 日，上海各界 2 万余人召开国民大会，声援北京学生。

北洋军阀政府出动军警，逮捕在街头讲演的北京大学学生。

1919年5月9日，清华大学举行国耻纪念大会，会后，学生在操场焚烧日货。

1919年5月7日，在各界声援下，被捕学生获释。图为北京高师被捕学生返校后，受到热烈欢迎。被抬举者左起：唐英国、赵允刚、薛荣周、初大告、向大光、杨明轩、王德润、陈荩民。

"五四"文学革命全面开展

从1917年初到1919年五四运动后一段时期，中国文学界掀起一场文学变革，提倡新文学、反对旧文学。所谓新文学即指通俗易解的白话文学，旧文学则指陈腐艰涩的封建贵族文学。五四文学革命即是白话文学向封建贵族文学的挑战。

五四文学革命是五四新文化运动的一个重要组成部分。文学领域的革新可以追溯到清朝末年，当时的谭嗣同、梁启超等人已经倡导诗歌和散文方面的革新。随着西学东渐和十月革命的影响，一场以反帝反封建为内容的思想革命和文化启蒙运动在中国思想界和文艺界展开，五四文学革命成为这场新文化运动的先声。

《新青年》和《每周评论》

从1915～1916年期间，李大钊、陈独秀、胡适等开始发表文章，提倡新文学，批评旧文学的腐败。胡适首先提出"文学革命"的概念和改革旧文学的"八事"主张。1917年1月，胡适发表《文学改良刍议》，主张文学语言同口语接近，提出白话文学应为中国文学的正宗，反对旧文学言文分离的现象。同年2月，陈独秀发表《文学革命论》，他以激进的姿态，从与社会革命、思想革命的关系上阐述了文学革命的必然性，提出了文学革命三大主义，即推倒贵族文学、建设国民文学；推倒古典文学、建设写实文学；推倒山林文学、建立社会文

李大钊像

学。这三大主义反映了反对封建旧文学、建设现实主义的新文学的历史要求，明确了文学革命的目标和任务。陈独秀等人的文学革命主张反映了历史的趋势和时代的要求，因此很快得到一些同道的响应。钱玄同、傅斯年、刘半农等纷纷发表文章，对文学革命的一些问题进行探讨，从不同的角度论证了新文学代替旧文学势在必行。这些作家的文章和意见，把文学革命引向深入。

1918年到1919年五四运动之后，文学革命发生了较明显的变化。十月革命的胜利和马克思主义思想的传播，使一些知识分子逐渐接受共产主义理想，他们成为新文化运动统一战线的领导和骨干。文学革命的理论也相应地带上更为鲜明的反帝反封建色彩。陈独秀、鲁迅、李大钊等人举起科学与民主的旗帜，表现出更彻底的反封建态度。他们不仅批判封建旧文学，也批评资产阶级新文学，深刻地论述了新文学革命的实质，使得文学革命在五四运动时期得到新的发展。《国文》、《新潮》、《晨报》等报刊相继改为白话刊登新文艺作品，新文学革命全面展开，1919年全国相继出现400多种白话刊物。

新文学革命的理论产生之后，新文学创作的成绩相继出现。胡适、刘半农、沈尹默开始发表白话诗，鲁迅、李大钊、陈独秀等人也参加新诗创作，其中鲁迅的《狂人日记》、《药》等文是文学革命的实绩，郭沫若的诗集《女神》代表了新诗创作的最高水平。这些作品展示了新文学创作的崭新特色。

五四文学革命具有划时代的意义，它标志着中国封建文学的结束，也是中国白话文学的开端，对中国近代的思想启蒙运动起了积极的推进作用。

毛泽东主编《湘江评论》

1919年7月14日，湖南学生联合会在长沙出版发行《湘江评论》，毛泽东担任主编。该刊为周刊，共出4期，第1期为8开1张，以后均为4开4版。除转载京、沪等地的报刊文章外，辟有西方大事述评、东方大事述评、湘江大事述评、世界杂评、湘江杂评、放言、新文艺等栏目，全部采用白话文，发行量约5000份。第5期即被查封。《湘江评论》在内容上热情讴歌十月革命的胜利，宣传反帝反封建的民主思想，提倡民众联合起来进行革命斗争。亦宣传、介绍一些无政府主义思想。

　　毛泽东主编的《湘江评论》是五四时期宣传新思潮的较重要的时事政治刊物之一，对反帝反封建的民主革命思想的宣传和传播起到了重要作用。

　　毛泽东（1893 ~ 1976），字润之。中国共产党、中国人民解放军和中华人民共和国的主要缔造者和领导人，伟大的马克思主义者，无产阶级革命家、战略家和理论家。1893年12月26日生于湖南省湘潭县韶山冲一个农民家庭。

徐特立倡导并参加赴法勤工俭学

1919年7月，毛泽东（右一）与弟弟毛泽民（右三）、毛泽覃（右四）与母亲在湖南长沙合影。

1919年7月14日，毛泽东主编的湖南学生联合会的刊物《湘江评论》创刊。

　　1919年，徐特立倡导并参加赴法勤工俭学。

　　徐特立（1877 ~ 1968），中国无产阶级革命家、教育家。原名懋恂，字师陶，湖南善化（今长沙）人。早年曾担任塾师。光绪三十一年（1905）入宁乡师范读书。毕业后和同学到长沙城郊的梨梨创办梨江高级小学，开始从

留法勤工俭学时的邓小平

徐特立（前排右四）在法国与勤工俭学留学生合影

事新式的学校教育工作。光绪三十二年至宣统二年（1906～1910）任教于长沙周南女校，期间曾与同事创办平民夜校，从事平民教育，并创办湖南第一个教育刊物——《周南教育》。1912年创办长沙师范学校，并于招生时注意向贫困民众敞开教育大门。随后又创办了五美高级小学，以便于家乡的农民子弟读书。1913年至1919年在湖南省第一师范学校任教，同时还兼任湖南孤儿院院长。

1919年，在"五四"反帝爱国运动的影响下，徐特立在湖南积极投身于反帝、反军阀的斗争。为寻求救国救民真理，徐特立倡导并亲自参加留法勤工俭学运动，赴法国半工半读。1924年回国后，他创办了长沙女子师范学校，积极培养女子教育人才。1925年至1927年，他出任湖南省立第一女子师范学校校长。在一系列的社会实践中，徐特立渐渐意识到在帝国主义、封建主义双重压迫下的中国，教育救国的道路行不通，加上他亲眼所见农民运动的伟大力量，1927年春，他投入农民运动，任湖南省农民协会教育科科长，并兼任农村师范附设农运讲习所主任，还加入国民党左派。在蒋介石背叛革命，白色恐怖笼罩大地的艰苦时刻，他毅然加入中国共产党，并参加了"八一"南昌起义。1928年赴苏联中山大学学习马克思列宁主义理论。1930年回国并于年底到达江西中央苏区，历任中央教育人民委员部副部长、代理部长、苏维埃大学副校长等职，并创办列宁师范学校、中央农业学校等。1934年参加长征。后任陕甘宁边区教育厅厅长、延安自然科学院院长、中共中央宣传部副部长等职。为根据地的教育事业呕心沥血。

胡适以实用主义研究中国哲学史

在中国哲学史的研究上，许多学者从各个方面进行研究，尤以胡适在哲学上坚持实用主义、信奉实用主义而著称。

胡适（1891～1962），字适之，原名胡洪骍。安徽绩溪人。幼年在家乡私塾读书。1904年至1910年在上海求学，深受进化论思想的影响，1910年赴美国，先后在康奈尔大学和哥伦比亚大学求学。1915年在哥伦比亚大学师从美国著名实用主义哲学家丁·杜威专攻哲学，1917年7月回国，受聘为北京大学教授，参加编辑《新青年》杂志，成为新文化运动的主将之一，在这之前的同年1月，他的《文学改良刍议》一文在《新青年》杂志上发表，对新文化运动起了积极作用。1919年2月，出版《中国哲学史大纲》（上卷），成为一部较有影响的著作。1919年4月杜威来华讲学时他担任翻译和组织者，成为美国实用主义在中国的主要传播者。五·四运动后同李大钊、陈独秀等分道扬镳，倡导改良，反对革命，积极投身政治，创办了《努力周报》、《独立评论》、独立日报社等，历任北大代理文科学长、驻美大使、北大校长、台湾中央研究院院长等职。1962年2月于台北病逝。

胡适信奉实用主义哲学。实用主义是19世纪70年代产生于美国的唯心主义哲学，20世纪上半叶风靡美国，主要代表人物有皮尔士、杜威等，1919年后由于杜威来华讲学而成为中国带群众性的哲学思潮，胡适则是实用主义哲学思潮的主要代表。胡适以实用主义研究中国哲学史，其核心是主观唯心主义的真理论，强调真理是"人造出来供人用的，是因为它们大有用处所以才给他们真理的美名的"，"是对付环境的一种工具"。他以有用就是真理的观点反对封建教条，根据实用主义原则研究哲学问题，对哲学史上长期争论不休的唯物、唯心、一元、二元等重大问题都不作正面的回答。他用实用主义哲学来解释中国的现实，把它具体运用到政治、历史、文学、教育等各个学术研究领域，产生了比较广泛的影响。

胡适以实用主义研究中国哲学史，在"五四"运动前后具有反对中国传统封建思想的进步意义。

美国实用主义哲学家杜威（前左五）于 1919 年 4 月来华，在中国各地传播学说。这是他与南京少年中国学会会员合影。

燕京大学成立

1919年，美国教会所属的北通州协和大学、北京汇文大学合并成立燕京大学。次年，华北女子协和大学并入，仍实行男女分校；1925年迁至北京西郊新校舍，始行合并，仍保留女部名称，经费和管理各自独立。

燕京大学经费原由美国在华各基督教团体协助，美国普林斯顿大学驻华委员会、罗氏基金会等也给予一定的资助。校舍设备等物质条件比较优越。首任校长为美国外交官司徒雷登。20年代收回教育权运动后，吴雷川、陆志韦相继任校长，司徒雷登改任教务长。而实权仍握在司徒雷登的手中。

学制初为本科三年，预科二年；后改为本科四年，预科一年。院系设置方面，初只设文理科，不分学系；下设文学院、自然科学学院、应用社会科学学院；后改为文学院（分设中文、外语、历史、哲学、心理、教育、新闻、音乐八个学系）、理（分设化学、生物、物理、数学、家事五个学系）、法（分设政治、经济、社会三个学系）三个学院。1934年增设研究院，下设文、理、法三个研究所。

美国垄断资本和教会对学校实行控制，但因该校师资力量强，学术气氛也较浓，在学术界有相当的声誉。该校所属哈佛燕京学社在整理古籍、研究东方文化等方面成就较大。

1951年1月，中央人民政府教育部颁布《关于处理接受美国津贴的教会及其他教育机关的指示》，接管燕京大学。全国高等学校院系调整时并入北京大学。

周作人倡导美文

周作人（1885～1967），原名櫆寿，字星杓，后改名奎绶，自号起孟、

周作人 20 年代小照

知堂等；浙江绍兴人，文学大师鲁迅之胞弟，现代散文家，重要笔名有独应、仲密、周遐寿等，1901年始用周作人名。周作人曾是"五四"时期新文化运动的重要代表人物之一；后来思想逐渐远离时代主流，为苟全性命于乱世，提倡"闭户读书"；终至在抗日战争爆发后留在被日寇占领的北平，出任伪职；抗战胜利后以叛国罪入狱。中华人民共和国成立后，主要写作有关鲁迅的回忆资料并从事日本、希腊文学作品的翻译。

周作人在"五四"时期曾参加发起文学研究会，并为《新青年》的主要撰稿人之一，写过《人的文学》、《平民文学》、《思想革命》等重要理论文章，提出文学革命应以思想革命为首要。他早期的散文及新诗创作亦显示了文学革命实绩，其代表作品《小河》、《歧路》等在当时有较大影响。"五四"后周作人还写了大量"社会批评"与"文明批评"散文。

周作人作为现代文学史上有影响的散文家，最早在理论上引入了西方的"美文"概念，倡导文艺性的叙事抒情散文。他在创作实践中追求平和冲淡的境界，这一方面表现在文章内容空疏和作者态度的恬淡；另一方面则指文字表达上的不重藻饰、大巧若拙，在适度的含蓄中另有一种"涩"味，构成淡远幽隽的风格。他"五四"后的一些散文表现了发扬个性、不满军阀统治、嘲讽传统道德等内容，如《碰伤》、《沉默》、《门前遇马队》等，但文章并不露义愤之情，只是在清恬闲淡的形式中暗寓讽刺。最能体现这种平和冲淡风格的，当属他的小品文。他从英国随笔、明末公安小品、日本俳文中汲取养料，结合自己的个性，追求知识、哲理和趣味的统一。这些作品多为小题材，如《故乡的野菜》、《乌蓬船》等，虽然思想意义不大，但自有亲切、通达的风致，从容描绘中散发着闲适恬淡的意趣。随着思想的演变，周作人三四十年代的散文小品日益远离"人间烟火"，越来越局限于身边琐事，沉缅于"草木虫鱼"，追求性灵和隐逸。由于取材脱离现实，周作人后期的散文影响渐趋缩小。周作人的散文结集有《自己的园地》、《谈虎集》、《瓜豆集》、《知堂文集》等21种。

　　周作人倡导美文，对中国现代散文的发展起了积极作用，彻底打破了美文不能用白话的迷信。在周作人的影响下，俞平伯、废名等作家在20年代形成了一个以"冲淡"、"清涩"为主要特色的散文创作流派。

鸳鸯蝴蝶派全盛

　　鸳鸯蝴蝶派在20世纪初叶产生于"十里洋场"的大都市上海，是以迎合有闲阶级和小市民的庸俗趣味为目的的一个文学流派。其作品多描写才子佳人"相悦相恋，分拆不开，柳荫花下，像一对蝴蝶，一双鸳鸯一样"，因而得名鸳鸯蝴蝶派，后有人以其早期代表性刊物《礼拜六》名之，故又称为"礼拜六派"。

　　鸳鸯蝴蝶派的主旨是"游戏笔墨，备人消闲"，其刊物宣称"不谈政治，不涉毁誉"，"有口不谈国家……寄情只在风花"。他们的早期作品以言情为主，后来为了适应洋场"五方杂处,三教九流"的需求，作品中又出现了武侠、神怪、社会、黑幕、娼门、侦探、公案等驳杂内容，是商品化的都市文学。在形式上，这些作品多采用

20年代上海老城宝带门

通俗的章回体，在城市中拥有许多读者。辛亥革命至五四运动之间，鸳鸯蝴蝶派达到全盛时期，尤其是在袁世凯复辟帝制前后，复古狂潮的泛滥使社会变得颓败且了无生气，在这种现实形势下，鸳鸯蝴蝶派作品以其"消闲"、"遣愁"、"排闷"、"除烦"而风行一时，其作者队伍也因一些思想迷茫、精神苦闷的小资产阶级知识分子的加入而扩大。他们先后出版了包括《小说时报》、《小说月报》在内的 100 多种报刊，还改用白话文，扩大影响，与文学革命运动相抗衡。新文学阵营在五四运动后对鸳鸯蝴蝶派进行了长期的斗争，批判他们"游戏的消遣的金钱主义的文学观念"，缩小了他们的阵地和影响。

鸳鸯蝴蝶派多数作品内容庸俗，格调低下，主导倾向是病态的、消极的，但也有少数作家在作品中暴露了社会的黑暗和封建势力的压迫，有一定进步意义。这一流派的早期代表人物徐枕亚的著名哀情小说《玉梨魂》反映了当时青年要求婚姻自由而不能如愿的悲剧，该流派的著名作家张恨水在 1929 年写的《啼笑因缘》，通过一个多角恋爱的故事刻划了男女主人公善良美好的形象，表现了他们对军阀横暴行径的反抗。其情节兼有社会、哀情、武侠等因素，但写得平实可信，一反早期鸳鸯蝴蝶派作者追求情节离奇和玩弄词藻的倾向，开创了该派章回小说写作的新格局。抗战爆发前后，鸳鸯蝴蝶派中有民族正义感的作家亦投身宣传爱国，写了许多"国难小说"。随着思想的转变，他们有些人的作品开始走向健康的通俗文艺。

鸳鸯蝴蝶派是半封建半殖民地的旧中国的特殊产物，它渊源于晚清才子佳人小说，又受到西方世纪末文学的影响，主要在市民中流行，其寿命大致上与民国相始终，故在新中国成立后曾被称为"民国旧派文学"。

中国共产主义运动萌芽

五四运动以后，中国社会的状况和新思潮的涌入使得共产主义思想传入中国，中国共产主义运动开始萌芽。

1920 年 8 月 22 日，在陈独秀倡议下，俞秀松等 8 人在上海《新青年》编辑部成立"中国社会主义青年团"，随即，北京、广州、长沙、武汉等地也相继成立青年团。

2月，留法勤工俭学的李维汉、李富春在法国蒙达尼发起组织了"工学励进会"。7月6日至10日，决定将励进会改名为"工学世界社"，工学世界社以学习马克思主义理论，实行俄国式的社会革命为宗旨，以旅法新民学会会员为核心，社员共30余人。翻译并研究了法文版《共产党宣言》、《国家与革命》等数百种马列主义理论书刊，并建立工学世界通讯社，向国内报刊发稿。

8月2日，毛泽东等人在长沙楚怡小学召开文化书社发起会议。文化书社先后与全国60多家书报社和文化团体建立了书刊营业往来，经销的日报有3种，杂志40余种，书籍160余种。陈独秀、李达等人在与毛泽东通信中，委托毛泽东负责筹建长沙共产主义小组。

1920年8月在上海出版的《共产党宣言》第一个中文全译本

1920年3月李大钊在北京大学组织马克思学说研究会。图为部分成员合影。

1920年7月6日至10日，留法勤工俭学的湖南新民学会会员在法国蒙达尼开会，图为会员与会友合影，右起：向警予、熊焜甫、肖子璋、唐灵运、蔡畅、曾琦、蔡和森、侯昌国、肖子升、熊叔彬、罗学瓒、陈绍休、孙世灏、熊季光、张昆弟、葛建豪、欧阳泽、颜昌颐、李维汉、张增益、孙发利、陈绍常。

10月，由李大钊、张国焘、陈独秀发起成立北京共产主义小组。

10月，继北京共产主义小组成立之后，湖北也出现了武汉共产主义小组。该小组以包惠僧为书记，其他成员有董必武、陈潭秋、刘伯垂、张国恩等9人。同时，长沙共产主义小组由毛泽东、何叔衡发起成立，同时还在长沙建立了社会主义青年团组织，利用工人夜校等在工人群众中进行宣传、组织工作。广州共产主义小组也在同一时间发起成立。其成员多是无政府主义者，故称"无政府主义共产党"。谭平山为书记，谭植棠、陈公博分管组织、宣传。

直皖大战·军阀混战开始

袁世凯死后，北洋集团失去统帅，内部权利之争日趋激烈，逐渐形成皖、直、奉三大系，以段祺瑞为首的皖系虽然把持中央政权，从日本得到大量借款，编练参战军，显示出比较雄厚的实力，但他没有能力控制整个北洋派，追随段的地方实力派只有安徽、山东、浙江、福建等省。以冯国璋为首的直系，主要在直隶及长江中下游地区（包括江苏、江西、湖北）。1919年冯国璋病死，曹锟和吴佩孚继承了首领地位。奉系首领张作霖则割据奉天、吉林、黑龙江三省。在南方则有唐继尧为首的滇系军阀和陆荣廷为首的桂系军阀。此外，还有许多割据一省或一地的小军阀。除南北之间长期对峙的冲突外，军阀内部为争夺政权或扩大地盘而连年混战。

1920年7月发生直皖战争。1918年段祺瑞对南方用兵，推行武力统一政策，加剧了直皖两系的对立，使双方矛盾公开化。段企图利用直系军队进攻湖南，坐收渔利。而攻入衡阳的吴佩孚则暗中与南方桂系首领陆荣廷谈判。1918年8月通电主和，指责皖系亲日卖国。次年秋，鉴于皖系扩军备战，直系遂联络奉系组织八省同盟。陆荣廷等也决定"联直倒皖"，秘密向吴佩孚提供物资，促其北撤。1920年5月吴自衡阳领兵北上，直达保定。1920年7月，段祺瑞组成"安国军"与直系军在直隶北部兵戎相见。奉军入关助直，皖军一败涂地。直奉两系控制了北京政府。直鲁豫巡阅使曹锟坐镇保定，以胜利者自居，俨然成为北京政府的太上皇。

吴佩孚（右）与张作霖合影

民国

1921A.D.

5月5日，孙中山就任中华民国非常大总统。6月，第二次粤桂战争爆发。7月，中国共产党成立。

1922A.D.

香港海员大罢工。4月29日，第一次直奉战争爆发。5月，中国社会主义青年团成立。5月，陈炯明叛变。7月16～23日，中国共产党第二次全国代表大会在上海召开。9月，安源路矿工人大罢工；10月，开滦煤矿工人大罢工。

1923A.D.

2月，京汉铁路工人大罢工。2月，孙中山抵广州设大元帅府。3月，北京政府外交部照会声明取消中日条约及换文，即"二十一条"。3月，中国共产党第三次全国代表大会在广州召开。10月5日，曹锟以贿赂当选总统。各方一致声讨。11月，《中国国民党改组宣言》发表。

1924A.D.

1月20～30日，中国国民党第一次全国代表大会在广州召开。5月，黄埔军校建立，孙中山兼任军校总理，蒋介石任校长。7月，广州农民运动讲习所创办。9月，第二次直奉战争爆发。10月，冯玉祥发动北京政变。国民军组成。11月，冯玉祥驱逐溥仪出宫。11月，孙中山应冯玉祥电邀北上。11月24日，临时执政府成立。

1925A.D.

1月11～22日，中国共产党第四次全国代表大会在上海召开。2月，广东革命政府第一次东征陈炯明。3月12日，孙中山在北京逝世。5月，上海发生"五卅"惨案。6月19日，省港大罢工爆发，23日发生"沙基惨案"。7月，中华民国国民政府成立。10月1日，国民革命军开始第二次东征。

1922A.D.

墨索里尼进军罗马，建立法西斯政府。苏联成立。

1923A.D.

希特勒发动啤酒馆暴动失败。

1924A.D.

斯大林继列宁后为苏联领袖。海森堡等发展量子力学。

孙中山就任非常大总统

1921年5月5日,孙中山就任中华民国非常大总统。

自1920年11月广州军政府重建后,为使政府工作符合法治轨道,1921年4月7日,在广州召开国会两院非常会议,出席议员222人,会议由林森任主席。议决废除军政府,通过《中华民国政府组织大纲》,并选举孙中山为非常大总统。

5月5日,孙中山在广州就任非常大总统职,并发表就职宣言和对外宣言。在对外宣言中他表示:"列强及其人民依条约契约及成例,正当取得之合法权利当尊重之。"对国内天然资源的开发则实行"开放门户主义,欢迎外国之资本及技术"。希望各国承认广州政府"为中华民国唯一之政府。"

5月6日,非常大总统孙中山任命国务院各部长官。任命:伍廷芳为外交总长,唐绍仪为财政总长,陈炯明为内政总长兼陆军总长,汤廷光为海军总长,李烈钧为参谋总长,徐绍桢为总统府参军长,马君武为总统府秘书长。

1921年5月,孙中山在广州就任中华民国非常大总统。图为宣誓就职后的合影。

1921年5月，非常大总统孙中山任命粤军总司令、广东省长陈炯明为陆军总长，决定出师北伐。陈炯明为扩大自己的势力，反对北伐。1922年3月至6月，北伐军在进军路上，陈炯明发动兵变，围攻广州总统府，炮击孙中山住所。孙中山避登永丰舰指挥平叛，交战50多天，孙中山因力寡，8月初乘英舰去上海。图为永丰舰。

陈炯明叛变

护法运动失败后，孙中山从广州来到上海。五四运动使他看到了人民群众的力量，并开始注意俄国革命的经验。他深感中华革命党和旧国民党的组织形式都不能适应革命的需要，在1919年10月，进行了一次整顿，更名为中国国民党。1920年粤桂战争之后，孙中山于11月重返广州，一度恢复军政府，再揭护法旗帜。1921年4月，国会非常会议在广州开会，通过《中华民国政府组织大纲》，选举孙中山为非常大总统，建立正式政府。孙中山积极准备出师北伐。但平定桂系军阀后，粤军总司令陈炯明于1922年4月在广州发动政变。

6月16日凌晨，陈炯明部队4000余

陈炯明（1878～1933），广东海丰人。参加黄花岗起义。武昌起义后，发动惠州起义，被推为广东副都督、都督、广东省省长。后拥兵自重，背叛孙中山。

人突然包围总统府，并向孙中山所住的粤秀楼开炮。

15日晚后半夜，叛军首先占领石井兵工厂，随后包围了总统府，孙中山生命危在旦夕。陈策在东堤襟江楼闻讯，急从二楼跃下，火速奔返舰队，指挥宝璧舰驶近长堤天字码头附近，准备接应孙中山。孙中山离开粤秀楼，途中曾遭叛军两度盘查，但终于平安到达长堤天字码头，乘坐小艇登上了早已升火起锚等候的宝璧舰。17日，孙中山转登永丰舰，并发表讨陈电文。

孙中山于8月被迫离开广州到上海。

中国共产党成立

五四运动后，宣传各种新思潮的各种社团和刊物，如雨后春笋一般涌现。马克思主义开始在中国广泛传播，一批具有初步共产主义思想的知识分子于1920年先后在各地组成共产主义小组。次年7月，在共产国际的帮助下，各小组代表在上海召开了中国共产党成立大会。

1921年7月23日晚8时，中国共产党第一次全国代表大会在上海租界贝勒路树德里3号开幕。出席会议的有国内各地和旅日共产主义小组的代表12人，他们是：毛泽东、何叔衡、董必武、陈潭秋、王尽美、邓恩铭、李达、李汉俊、张国焘、刘仁静、陈公博、周佛海，参加会议的还有陈独秀指派的代表包惠僧。共产国际代表马林、尼科尔斯基也出席了会议。会议原定由陈独秀主持，因陈未能出席，遂推举张国焘主持会议，毛泽东与周佛海任记录。

毛泽东（1893～1976），字润之。

7月30日，一个法租界的侦探闯进会场，环视一周后说"我找错了地方"，便匆匆退出。代表们迅速离开会场。十几分钟后，法租界巡捕包围了会场，结果扑了空。会议被迫中止。当晚代表们决定：大会转移到浙江嘉兴南湖的一艘游船上继续举行。陈公博和共产国际代表马林、尼科尔斯基等没有参加南湖会议。大会通过了中国共产党第一个纲领。

大会还通过了中国共产党的第一个决议《关于当前实际工作的决议》。决议确定党成立后的中心任务是，加强对工人运动的领导，组织工人阶级，大力发展工会组织，引导工人运动向着党所指引的正确方向发展。决议最后规定，中央委员会应定期向第三国际报告工作。

大会于7月31日下午闭幕。

大会选举产生了党的领导机关——中央局，推选陈独秀为中央局书记，张国焘为组织主任，李达为宣传主任。中国共产党宣告正式成立。

中共"一大"会址——上海法租界贝勒路树德里，后称望志路106号，今兴业路76号现景。

马林（1883~1942），1920年6月前往苏联，参加共产国际第二次代表大会，被选为国际执委，同年8月，受列宁委托到中国，帮助创建共产党。

1921 年 7 月 30 日晚，中共"一大"会议因遭法租界巡捕的搜查而中断，代表们分散转移到浙江嘉兴南湖，在一艘游船上结束了最后一次会议。图为该游船的复制品。

何叔衡（1875 ~ 1935）   董必武（1886~1975）   陈潭秋（1896~1943）

王尽美（1898～1925）

邓恩铭（1900～1931）

李达（1890～1966）

李汉俊（1890～1927）

张国焘（1897～1979）

刘仁静（1902～1987）

陈公博（1890～1943）

周佛海（1897～1948）

包惠僧（1894～1979）

梁启超整理近代学术

梁启超（1873 ~ 1929）是中国近代著名的思想家，五四运动以后他致力于学术研究，以进化论观点和西学的方法整理近代学术,写出了《清代学术概论》、《中国近三百年学术史》、《先秦政治思想史》等较有影响的思想史论著，对中国近代学术研究作出了卓越的贡献。

梁启超深受达尔文进化论的影响，认为"变"是自然界和人类社会的公理，并以此论证维新变法的必要性与合理性。在历史领域，他批判历史循环论，主张社会历史进化论，形成了新史学观。在此理论背景下，梁启超对国学的整理就表现出新的气象，其观点多创见，许多思想都超过前代学者。他一生著述丰富，集中反映其学术思想的著作首推《清代学术概论》和《中国近三百年学术史》。

《清代学术概论》原为《欧洲文艺复兴时代史》一书的序，系统地概述了从明末至20世纪初200多年间中国清代学术思想的发展，因篇幅过长而独立成书。在这本书中，梁启超指出了清代思想的总趋势是以复古为解放，即通过复古的形式表达自己时代的新思潮。他又把清代学术思想的发展分为启蒙、全盛、蜕分和衰落四个时期。启蒙期的代表人物有明末清初的顾炎武、王夫之、黄宗羲、颜元、阎若璩等，主要批判宋明理学（特

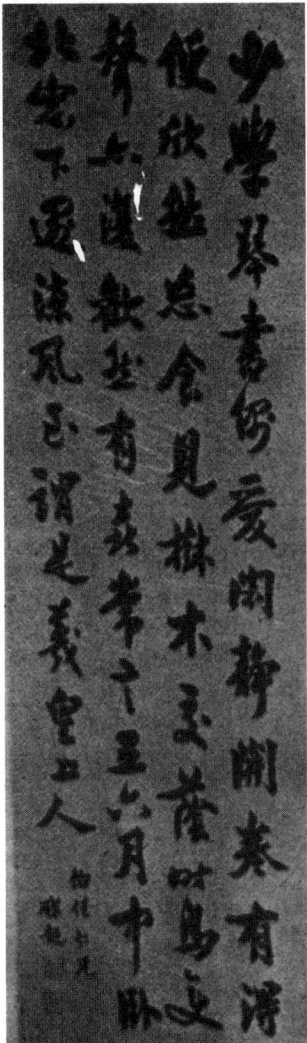

梁启超手迹

099

别是阳明心学的流弊）的空疏，提倡贵创、博证、制用的学风。第二期为乾、嘉时代的考据学，代表人物有惠栋、戴震、段玉裁、王念孙等。道光、咸丰以后清代学术研究分裂为古文经学和今文经学，代表人物有龚自珍、魏源、康有为等。此后，清学渐趋落。梁启超运用进化发展的观点，把思潮与人物结合起来对清代学术进行了系统地考察。《清代学术概论》因此成为一部具有开创性和历史意义的著作，是中国近代思想史研究方面的一部力作。

　　《中国近三百年学术史》原是梁启超在清华大学等校演讲的讲义，讲述了明末到中华民国初（1623～1923）中国学术思想的变迁史。书中提出著学术史的4个必要条件，理出了清代学术思想发展的脉络，即由经世致用之学到考据学再到今文经学。梁启超还指出这种变迁受着当时具体的政治形势的影响，立意较深。此外，这本书还评述了清代学者在经学、小学、音韵学、校注古籍、史学、辨伪书、地理学、历算学及乐曲学等方面的成就，内容十分丰富。

　　梁启超的这两部学术著作确立了他在中国近代思想史上的地位，无论从学术成果还是从理论贡献来看，他都堪称近代中国的一大思想家。

文学研究会成立

　　文学研究会是中国现代文学史上成立最早的新文学社团。

　　"五四"运动以来，受新思潮冲击，新文学社团和刊物在知识青年中竞相兴办，蔚然成风，成为1921年～1925年间中国文化界的一种突出现象。在众多的不同倾向的文学社团中，文学研究会不但成立最早，而且成员多，活动久，影响大，在流派发展上也最有代表性，是新文学运动中最重要的文学社团。

　　文学研究会于1921年1月4日正式成立于北京，主要发起人有郑振铎、沈雁冰、叶绍钧、王统照、许地山、周作人、耿济之、郭绍虞、孙伏园、朱希祖、瞿世英、蒋百里12人，后来发展了会员共达170余人。研究会成立时发表了《文学研究会宣言》和《文学研究会简章》。他们把上海商务印书馆出版、由沈雁冰接编、经过革新的《小说月报》作为代用会刊，还在上海、北京先后出

1921年1月4日文学研究会成立会摄影。右起前排：易家钺、瞿世英、王统照、黄英、杨伟业、郭梦良。中排：蒋百里、朱希祖、范用余、许光迪、白镛、江小鹣。后排：孙伏园、耿济之、苏宗武、李晋、许地山、宋介、郑振铎、王星汉。

刊了两个《文学旬刊》，上海的《文学旬刊》曾作为《时事新报》副刊出刊，后改名《文学》，每周一期，第172期时改名《文学周刊》单独发行，共出380期）和《诗》月刊等刊物。出版《文学研究会丛书》百余种。随着会员的增加，又在上海、广州、宁波、郑州等地设立分会，出版刊物。

《文学研究会简章》表明，研究会以研究介绍世界文学、整理中国旧文学、创造新文学为宗旨。在反对旧的封建文学的同时，主要反对庸俗性的游戏文学，反对把文学作为消遣品，也反对把文学作为个人发泄牢骚的工具，主张文学为人生。认为文学应该反映社会的现象，表现并讨论一些有关人生的一般的问题。他们的创作大多反映了现实人生问题，有一批所谓"问题小说"问世。同时，对《游戏杂志》、《礼拜六》等刊物进行抨击。然而，在建设新文学的具体主张上，会员们的意见出现了分歧。有的抽象强调文学的"真""善"；有的在提倡"血和泪的文学"时，却又认可"作者无所为而作，读者也无所为而读"的观点；而以沈雁冰为代表的一些成员却明确地鼓吹一种进步的文学主张，指出作家应该注意观察和描写社会的黑暗、人们的痛苦和新旧思想的矛盾冲突。

在创作方法上，文学研究会继《新青年》之后，进一步坚持现实主义创作原则，力图客观反映现实。为推进新文学的创作，文学研究会非常重视外国文学的研究介绍。他们重点翻译介绍了俄国（包括苏联）、法国及北欧、东欧的现实主义名著。在《小说月报》刊出"俄国文学研究"、"法国文学研究"特号及外国名作家专辑，对当时文学界影响极大。

文学研究会的组织较为松散，1932年初《小说月报》停刊后，他们的活动也即停止。

郭沫若创作的新诗集《女神》出版

1921年8月，郭沫若诗歌创作的代表作品《女神》出版。

郭沫若（1892～1978），原名郭开贞，别号鼎堂，四川省乐山县沙湾镇人，杰出的现代诗人、剧作家、历史学家、社会活动家。郭沫若出身于地主兼商人家庭，自幼从爱好文学的母亲那里接受了诗教启蒙。《诗经》、《唐诗三百首》、《庄子》、《楚辞》等为他后来的诗歌创作提供了丰厚的养料。小学和中学时代，郭沫若有机会接触到一些介绍民主启蒙思想的读物，开阔了视野，并在"新学"和"富国强兵"思想熏陶下滋长了爱国主义精神；这期间他还大量阅读了林纾的翻译小说，其中英国作家司各特的

1923年间，郭沫若与安娜及孩子合影。

"五·四"运动后，妇女冲破家庭藩篱和封建枷锁，寻求妇女解放的真理。这是留法勤
工俭学的中国女学生在蒙达尼与法国女教师合影。

南社虎丘雅集

20 年代的上海外滩

《撒克逊劫后英雄略》中的浓厚浪漫主义色彩深刻地影响了他后来的文学倾向。辛亥革命的爆发和失败,使他在思想上经历了从兴奋到幻灭的落差。1913年底,郭沫若赴日留学。他读的虽然是医科,但广泛涉猎了中外哲学、文学作品。庄子、王阳明、泰戈尔、斯宾诺莎、海涅、歌德、惠特曼等人的思想从多方面影响了他,特别是"对于泛神论的思想感受着莫大的牵引"。1919年五四运动爆发,郭沫若进入"一个诗的创作爆发期",《女神》即是这一时期作品。

《女神》是郭沫若的第一部新诗集,集中绝大部分诗作完成在1919、1920年间,除序诗外共收56首诗。《女神》的诗魂是贯穿始终的爱国主义精神,它从以下几方面表现出来:其一,对旧的封建藩篱的勇猛冲击,对新世界和美好理想的憧憬和赞颂。诗篇《凤凰涅槃》集中反映了这一点。《凤凰涅槃》以凤凰"集香木自焚,复从死灰中更生"的神话象征旧中国的灭亡和古老的中华民族在烈火中获得新生。通过对现实的谴责,诗人抒发了郁积在心头的民族悲愤,彻底否定了旧世界。当凤凰通过自焚获得新生后,诗人笔下出现

20年代初香港最高法院大楼

了大和谐和大欢乐的景象，这是诗人对"五四"新机运的歌颂，也象征着祖国和诗人自己开始觉醒。其二，直接抒发诗人对祖国的思念和爱恋之情。如《炉中煤》将祖国比为一个"年青的女郎"，诗人自喻为炉中正在燃烧的煤，愿把自己的一切能量都献给她。其三，歌咏大自然，向往光明和新生，赞美劳动和创造。这些诗篇一方面赋万物以生命，体现了泛神论对诗人的影响，在艺术上扩大了表现范围；另一方面洋溢着"五四"时代蓬勃的进取精神和诗人飞扬凌厉的朝气。如《太阳礼赞》，以奔腾激荡的诗句表现了对光明的执着追求。其四，对于劳动人民和无产阶级革命领袖的歌颂。在《巨炮之教训》、《匪徒颂》中可见十月社会主义革命思潮对诗人的启示。这些革命理想主义的火花出现在当时的新诗领域是十分能可贵的。

　　《女神》的艺术风格有鲜明的浪漫主义色彩。许多诗篇想象力奔腾，构思宏伟，比喻新奇，旋律激越，以磅礴的气势展现了狂飙突进的五四时代精神。郭沫若当时那种"火山爆发式的内发感情"，从惠特曼式"雄而不丽"

105

女艺人在上海娱乐场所演出

的诗风中找到了喷火口；而我国古代浪漫主义诗人屈原和李白的精神和气质也深深影响着郭沫若，从而在《女神》的许多篇什中都塑造了一个强烈追求美好理想、富于叛逆精神的自我抒情形象。气势雄浑豪迈的自由体，是《女神》最具特色的艺术成就。在《女神》出版之前，已有新诗集出现，但缺乏优秀之作。或过于散文化，"缺少余香余味"；或囿于旧的形式，"急切里无法甩掉旧诗词的调子"（朱自清《＜中国新文学大系＞诗集导言》）。《女神》开拓了"五四"后自由诗的新天地。它任凭感情驰骋，突破了从来诗歌的樊篱，没有固定的格律和形式，甚至不押韵，但诗人的感情节拍与诗歌的内在旋律和谐一致，产生了"够味的东西"，使自由体新诗真正达到了诗的境界。这是对诗歌形式上的彻底革命。

郭沫若的第二部集子是《星空》，为诗歌散文集，出版于1923年。1928年，诗集《前茅》出版。1927年底，郭沫若在大革命失败后白色恐怖最严重的岁月里写下了24首诗。当时诗人大病初愈，这些诗1928年结集出版时题名《恢复》。《恢复》主要抒写革命情怀，显现了工农群众的觉醒和力量。

《女神》确立了郭沫若在我国现代文学史上卓越的地位，它以崭新的思想内容，豪放的自由体形式成为白话诗真正取代文言旧诗的标志。作为中国现代文学中浪漫主义传统的发端，《女神》在新文学的发展中产生了巨大影响，开创了中国现代诗歌的新诗风。

郁达夫发表《沉沦》

　　郁达夫（1896 ~ 1945），原名郁文，浙江富阳人，现代著名作家。他3岁丧父，家贫，少时喜读唐诗、古文，爱好文学。1913年随长兄到日本留学，1922年在东京帝国大学经济学部毕业。其间，他广泛接触了外国文学，深受近代欧洲、日本各种社会思潮和文艺作品的影响。他在十年的异国生活中，亲历了种种屈辱和歧视，激发起爱国热忱，也形成了愤世嫉俗、忧郁感伤、敏感而近于病态的心理。他从研究经济学转而投身文学活动。

　　1921年，他和郭沫若、成仿吾等发起成立创造社，同时发表了他的处女作《沉沦》。这是他早期的代表作，由于"惊人的取材和大胆的描写"震动了当时的文坛。小说描写一个留日学生，渴望得到纯真的友谊和爱情，但作为一个弱国子民，他得到的更多的是屈辱和冷遇，终于绝望自杀。它有作者反帝的爱国热情和不满现实、希望中国早日"强大起来"的呼声，也有作者郁闷、颓废的情

1926年创造社同人摄于广州。左起：王独清、郭沫若、郁达夫、成仿吾。

绪，反映了五四时期那些在重重压迫下有所觉醒而又不知出路何在的青年的共同心理状态，具有时代特征；同时，作品具有抒情气氛热烈和心理刻划细腻的艺术特色，因此在许多知识青年中引起共鸣。稍后，他又发表了《南迁》、《银灰色的死》等短篇，主题和人物与《沉沦》相类似，这三篇小说以《沉沦》为名结集出版，是中国现代文学第一部短篇小说集。

郁达夫于1922年回国，正式从事文学创作活动，还参与编辑《创造》季刊、《创造周刊》、《创造日》、《洪水》、《创造月刊》等刊物，写了许多作品。1923年至1927年间，他发表了《春风沉醉的晚上》、《薄奠》等自认为"多少带有一点社会主义的色彩"的小说，作品表达了对被压迫的劳动者的深切同情，这两篇作品连同稍后的《微雪的早晨》，都是初期新文学的优秀作品。此外，《新河》、《茫茫夜》、《街灯》、《迷羊》等作品均不同程度地揭露了社会的罪恶，有一定的批判意义。但过多的色情描写，破坏了主题的严肃性，使作品呈现出许多不健康内容和病态心理。1928年郁达夫与鲁迅合编《奔流》。1930年参加中国左翼作家联盟。在此之后他写了以大革命为背景的小说《她是一个弱女子》和《出奔》，有一定进步倾向。

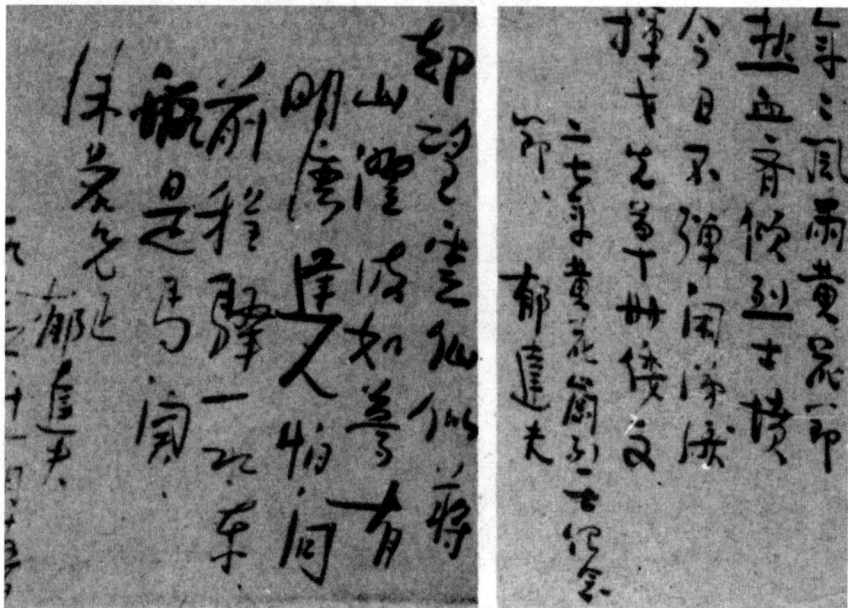

郁达夫诗稿手迹

郁达夫情绪消沉，隐居杭州，过着游山玩水的闲逸生活，写了《马樱花开的时候》、《瓢儿和尚》、《迟桂花》、《迟暮》、《东梓关》等小说。虽然这些作品在艺术上有值得称道之处，但在阶级矛盾和民族矛盾十分尖锐的当时，作者对那种闲适无为的隐士式的生活持欣赏和肯定态度，客观上具有麻痹、消磨人们斗志的作用。

郁达夫是多产作家，其小说艺术性较高，长于写景抒情、语言较优美，笔调自然洒脱。但题材较狭窄，缺乏深刻的社会内容。

1945年日本宣告投降后，郁达夫被日本宪兵部秘密杀害。他的作品反映了在中国革命长期、复杂和曲折的特定历史条件下，一代知识分子普遍的苦闷心理和要求个性解放的强烈呼声。他的作品特色鲜明，以大胆的自我暴露手法和抒情色彩成为前期创造社浪漫主义倾向的代表，20年代新文学发展过程中以抒情笔调写小说的流派就是在他的影响下形成的。中华人民共和国成立后，人民政府追认他为"为民族解放事业殉难的烈士"，并在其家乡建立了纪念亭。

竺可桢开创中国近代地理学·奠定中国气象事业

竺可桢（1890～1974），字藕舫，浙江上虞县东关镇人（旧属绍兴县），中国著名地理学家、气象学家、教育家，是中国近代地理学的开创者和现代气象事业的主要奠基人。哈佛大学博士，学成归国后历任南开大学教授，东南大学、浙江大学校长，中央研究院评议员、院士，解放后任中国科学院副院长，兼中科院自然资源综合考察委员会主任、生物学地学部主任、中国自然科学史研究委员会主任等，为中国科学院学部委员，还长期担任中国地理学会理事长、中国气象学会理事长、中国科学技术协会副主席等职，为中国近代地理学和气象事业做出了卓越贡献。

1921年竺可桢在东南大学筹建并主持了中国第一个地理系，编著中国高等教育第一部地理学教材——《地理学通论》。并开创了中国季风、中国气候区划和自然区划、中国历史气候和中国物候等研究，有创造性成就。领导组建了中国科学院地理研究所及其10多个大型自然资源考察队，筹划中国多

个地区性和专业性地理研究所。领导或指导了历次地理学发展规划的制订和中国自然区划工作的开展，以及《中华人民共和国自然地图集》和《中国自然地理》的编纂工作，指出中国地理学为生产建设特别是为农业服务的方向，以及地理学在发挥综合性研究特点的同时，要注意部门地理学研究的对象。另外，竺可桢在筹划组建早期的中国气象观测网，开展中国高空探测和天气预报业务方面，也做出了卓越贡献。

竺可桢共发表论著270余篇，较著名的有《中国气候区域论》、《中国气流之运行》、《东南季风与中国之雨量》、《中国气候概论》、《历史时代世界气候的变动》、《中国近五千年来气候变迁的初步研究》、《论我国气候的几个特点及其与粮食作物生产的关系》等。

竺可桢（1890～1970），气象学家、地理学家。浙江上虞人。1910年赴美留学，先学农，后入哈佛大学学习气象并获博士学位。曾任浙江大学校长。中华人民共和国成立后，任中国科学院副院长等职。是中国近代气象学和地理学的奠基人。

岭南画派形成

　　1921 年，著名画家高剑父等人在广州发起举办了广东省第一次美术展览会，明确提出革新中国画的主张，并与旧派艺术家展开激烈争论。岭南画派开始形成。

高奇峰《白马》

陈树人《岭南春色》

高剑父《虎啸图》

岭南画派的创始人为高剑父、高奇峰兄弟和陈树人三人。高剑父（1879～1951）名伦，字剑父，广东番禺人。幼失双亲，家境贫寒，从小对绘画产生浓厚兴趣。14岁随花鸟画家居廉学画，因其聪颖敏悟而深受器重。17岁赴澳门格致书院从法国传教士麦拉学习素描。不久返广州任小学图画教师。后东渡日本留学，在东京学画。后与陈树人等在上海、广州创办《真相画报》、《时事画报》，倡导美学，推行中国画的革新运动。辛亥革命后，从事美术教育工作，与其弟高奇峰（翁）创办春睡画院、南中美术院，培养学生。陈树人（1884～1948），名韶、哲，别号葭外渔子、二山山樵、得安老人，广东番禺人。1905年留学日本京都美术学校，学习东西方绘画。同年加入同盟会，追随孙中山革命。出版《广东时事》、《有所谓报》，宣传革命主张，积极投身民主革命。回国后任教于广东省高等学校。

高氏兄弟与陈树人是同窗好友，早年均受业居廉门下，3人对中国画的革新志同道合，被称为岭南三杰。1921年3人发起举办的广东第一次美术展览会，使人们对二高一陈的作品风貌和艺术主张有了较全面的认识。以后，3人在中国画传统技法的基础上，进一步揉合日本和西方技法。注重写生，具有广东地方特色，就逐渐形成了具有浓郁的时代气息和地方风格的绘画流派。因3人均为五岭岭南的广东番禺人，故得名岭南画派。

岭南画派在艺术思想上主张中西折衷，提倡融合西画以革新中国画。在传统方面，三人接受了乃师居廉之影响。留日期间，又较多地接触了西方绘画，开阔了眼界，从而奠定了中西折衷的基础。他们力主为人生而艺术，提倡艺术应反映时代、唤起民众、觉悟社会、陶怡性灵。他们的作品力图在内容上出新，如宣传革命，讽刺时弊，歌颂抗日救亡运动，乃至在山水画中画飞机、汽车等，反对因循守旧和一味摹拟古人，强调写生，主张师法自然。

在题材上多以飞鸟走兽、山水花卉等南方风物和风光为主。二高兄弟尤其喜欢画虎、鹰和狮，写生惟妙惟肖，笔墨、章法不落俗套。善用色彩和水墨渲染，尤其善于把雄健、泼辣的笔墨与撞水撞粉的技法结合在一起来渲染天光云影，月夜朦胧的气氛。具有刚劲、真实而又诗意盎然的艺术风格。

岭南画派风格独具，影响甚大，是艺术上的一朵奇葩。有力地推动了现代中国画的发展。

八千麻袋案发生

1921 年，北洋政府教育部与历史博物馆筹备处以经费困难为由，将原清内阁大库档案装了 8000 麻袋约 15 万斤，以 4000 元银洋之售价当作废纸卖给北京同懋增纸店用以重造纸张。轰动一时的"八千麻袋案"由此发生。

宣统元年（1909）清政府为修缮内阁大库，计划将库内档案移出并焚毁。因学部参事罗振玉之请，张之洞奏准罢焚。档案交由学部暂管。清廷覆亡后，北洋政府建立，教育部接管了这批档案，并交由历史博物馆筹备处管理，但两者竟将其当废纸出售！

1922 年 2 月，罗振玉偶然在街头见到同懋增纸店出售的部分档案，遂用 1200 元买回。检理后发现有大量珍贵史料，如满、蒙文的辽、金、元事例，明代有关边务战事的题本稿，清初开国要略，皇帝的朱谕批折及各国的题表等，极具价值。罗遂择其珍件汇编印行《史料丛刊初编》10 册。

消息传出，舆论大哗。北洋政府迫于压力，意欲从罗氏处购回档案，清史馆亦有意收藏，均遭罗氏拒绝。1924 年，罗以 1.6 万元将大部份档案转卖给李盛铎。李挑选其中的珍异史料，献 6 万多件给伪满洲国皇帝溥仪，又将剩余档案以 1.8 万元转卖给中央研究院历史语言研究所。至此档案只剩 12 万斤，而且十分杂乱，完整者只约五分之一，一部分已破烂不堪无法整理。历史语言研究所收买档案后，从中整理出版了《史料丛刊》和《明清史料》多种。1936 年部分档案携至南京，后迁台湾。剩余部分由中国第一历史档案馆接收。

孙中山改组国民党

陈炯明叛变后，孙中山赴上海，共产国际代表马林向孙中山提出改组国民党的建议，李大钊也多次拜访孙中山，商谈国共合作。孙中山接受了改组国民党的建议，于 1922 年 9 月召开国民党在沪各省负责人会议，拟定改组宣言及党纲党章。

9 月 4 日，孙中山在上海召集各省国民党负责人 53 人，讨论改组国民党问题，陈独秀、马林、张太雷均应邀参加。孙中山解释了联俄、联共政策，马林讲了话。与会者一致同意改组国民党。9 月 6 日，陈独秀被孙中山指定参加由丁惟汾、张秋白等 9 人组成的国民党党务改进起草委员会，起草国民党改组方案并草拟国民党党纲和党章草案。

9 月 18 日，孙中山在上海发表了"致国民党员书"的党内通信，信中沉痛地回顾了同陈炯明的分歧、陈炯明叛变的始末及严重后果。他说，民国奋斗 30 年来，虽屡经失败，然"失败之惨酷、未有甚于此役者"。他在信中提

孙中山屡遭挫折后，决定改进国民党。1922 年 9 月，在上海召开改进讨论会，任命陈独秀等 9 人为改进方略起草委员会委员。图为孙中山与与会者合影。左起，中排：1 为廖仲恺，2 为汪精卫，3 为胡汉民，4 为孙中山，6 为张继，7 为杨庶堪。

出了今后的对策方针，并作了自我批评，"任用非人，变生肘腋，致北伐大计，功败垂成，当引咎辞职"，并决定联俄联共，彻底改组国民党，以重新振兴国民党的威望，实现国家的统一。

李大钊、陈独秀、蔡和森、张太雷等共产党领导人，以个人身分加入国民党。

1923年1月，苏俄政府代表越飞到达上海，与孙中山进行多次会谈，共同发表了《孙文越飞联合宣言》。随后，孙中山又指派廖仲恺去日本热海与在那里的越飞继续会谈。同时孙中山策动滇军和桂军将陈炯明逐出广州。1月16日，孙中山的军队重新杀回广州，陈炯明落荒而逃。在孙中山的策动下，联络了驻留广西的滇军朱培德部和杨希闵部，封杨为讨贼军滇军总司令，并联络了桂军刘震寰部，封刘为讨贼军桂军总司令，定于1922年12月10日向广东发动进攻。讨贼军进展非常顺利。1923年1月初占领封川、德庆、悦城等县，并于16日占领广州，陈炯明等残部逃往惠州。孙中山决定回广州重建大元帅府。1月26日，孙中山离沪赴广州重建大元帅府之前，发表《和平统一宣言》。

2月孙中山回到广州设立大元帅府，就任大元帅。继又聘苏联代表鲍罗廷为政治顾问，协助改组国民党。10月，孙中山指示召开国民党改组特别会议，委任廖仲恺、许崇智、谭平山等9人组成国民党临时中央委员会。

《向导》成为中国共产党中央机关报

1922年9月13日，在中国共产党中央局书记陈独秀的主持领导下，中共中央机关报——《向导》在上海创刊。蔡和森、彭述之、瞿秋白先后出任主编。

《向导》设有"中国一周"、"世界一周"（后合并为"时事评论"）、"通信"、"读者之声"等专栏，蔡和森、瞿秋白、陈独秀等共产党人经常在此发表文章。该刊在沪、京、穗、汉等地编印发行，国内许多大中城市及香港、巴黎、东京等地设有分销处。最初印数为3000份，后激增至4万余份，最高时达10万份。共出201期，至1927年7月18日被迫停刊。

作为中共中央的机关报，该刊主要登载政论文章。重点宣传中国共产党的民主革命纲领和以促进国共合作为中心的统一战线的策略方针，纪念孙中山和廖仲恺，宣传、发动广大革命群众投入五卅运动、北伐战争、反奉倒段运动等反帝反封建的革命洪流之中，反击戴季陶主义、西山会议派等国民党右派言论，批驳帝国主义和国内反动派的敌对宣传，批判改良主义主张等。《向导》受中共党内右倾机会主义的影响，亦作过一些错误的宣传。

　　《向导》是早期中国共产党的重要舆论宣传阵地。它的出版和发行，在中国无产阶级新闻出版史上占有重要地位。

《向导》创刊号

117

永安纺织公司建成投产

以澳洲华侨郭乐、郭泉、郭葵、郭浩、郭顺等兄弟和家族为主体组建的永安集团，继在上海、香港设立永安百货公司等商业企业后，发起在上海兴建纱厂；海外华侨纷纷响应入股。1922年，永安纺织公司建成投产，共有资本600万元，其中永安集团成员投资占19.45%，郭氏家族投资占2.5%，其余约78%的股份分散在5000多户华侨股东手里。由郭乐出任董事长兼监督，郭顺任总经理。郭氏兄弟资本雄厚，采取革新技术管理等措施，提高产品质量，占领市场。因此尽管当时民族棉纺织业发展困难重重，仍有较大获利，不断扩大再生产。至抗战前夕，资本扩充二倍，固定资产增加四倍，赢利累计1639万元，资本积累704万元，纺机从3万锭扩充到25万锭，织机从510台扩充到1542台，还先后收购三家民族纱厂，新建一个日产色布5000匹的印染厂。抗日战争中工厂遭到严重破坏，郭乐避居美国。抗战胜利后，又由于国民党政府的压制和掠夺，企业更趋萎缩。

申新纺织公司迅速发展

第一次世界大战为中国民族工业的发展提供了较好的机遇。1915年，以创办面粉厂起家的无锡荣宗敬（1873～1938）、荣德生（1875～1952）兄弟，抓住时机，在上海创办申新纺织无限公司，并获得较大发展，成为民族资本最重要的纺织公司。1921年组建茂新、福新、申新总公司，荣宗敬任总经理。至1922年，又先后在上海、无锡、汉口建成投产四个厂。30年代初发展至鼎盛，其时，申新公司在国内共有9个厂，总计纱锭46万枚，布机4757台，有职工3万余人，实际自有资本1800万元，资产总值达6400余万元。荣氏兄弟投资约占申新资本总额的80%。1933年以后，由于受民族危机和世界经济危机的影响，申新开始负债经营，至 1934 年 6 月，负债高达 6300 万元以上，接近全部资产总值，企业实际自有资本亦不断减少，被迫由中国银行和上海银行等组成的银团垫款营运，但企业规模仍不断扩大，至 1936 年，共有纱锭 57 万枚，布机 5304 台，均占全国（东北三省除外）民族资本棉纺厂纱锭和布机总数的五分之一以上，荣氏资本为中心的茂新、福新、申新总公司全部资产总值达 1 亿元以上。申新纺织公司遂成为中国近代棉纺织工业中规模最大的民族资本企业。

1921 年成立的上海华商纱布交易所

申新第一纺织厂织布车间

明星影片公司成立

1922年2月，张石川等人在经营股票生意的大同交易所投机失败后，以亏蚀剩余资本为基础，与郑正秋、周剑云等人发起组织了明星影片股份有限公司。

明星公司创办的初衷，一方面是这些创办人看到电影事业"发达在所不免"，是一项有利可图、大有可为的事业；另一方面，则企图通过电影来"补家庭教育暨学校教育之不及"，把电影看成是一种"改良社会"的工具。按照明星公司主持人张石川的意见，公司拍片，应先进行"尝试"，只能"处处惟兴趣是尚"。为此，该公司拍摄的第一部故事短片是《滑稽大王游华记》，表现卓别林来中国后的笑料：追汽车、掷粉团、踢屁股、和胖子打架、坐通天轿……应有尽有。第二部短片《劳工之爱情》，表现水果商人向医生女儿求爱的故事。第三部影片《大闹怪剧场》，更是异想天开，让卓别林和罗克的形象同时出现在影片中，打逗追逐，大闹特闹。第四部《张欣生》，改编上海浦东发生的一桩谋财杀父的人命案。这些滑稽短片趣味低级，逐渐失去市场。

　　1923 年后，拍摄《孤儿救祖记》，从此开始摄制长故事剧。此片的成功，不仅使明星公司摆脱了经济困境，同时也吸引了更多的人投资于电影事业，其它电影公司相继成立，带来了中国早期电影的繁荣。1927 年摄制《火烧红莲寺》，开中国影坛神怪武侠片之先河。1931 年，试制成功中国第一部蜡盘配音有声片《歌女红牡丹》。1932 年，邀请夏衍等人作编剧，促成与左翼文艺工作者的结合。之后，较快拍摄了《狂流》、《铁板红泪录》、《女性的呐喊》等一批反帝反封建为主题的影片。1936 年，明星公司进行改组，明确提出"为时代服务"的制片方针，建立了明星一厂、二厂。二厂吸收了一批左翼电影工作者，相继拍摄了《生死同心》、《压岁钱》、《马路天使》等影片。1937 年抗日战争爆发，明星公司制片基地严重受损，遂停办。

　　明星影片公司从 1922 ~ 1937 年共拍摄影片 200 余部，培养了包括编剧、导演、摄影、美工、录音、剪辑、洗印、发行在内的一整套人才，经历了从无声片到有声片的变革。为中国民族电影事业的兴起、发展、进步做出了积极贡献。

《孤儿救祖记》（1923，张石川导演）

上海亚细亚影戏公司在拍片。立于摄影机旁指挥者为张石川。

中国第一个女演员严姗姗。严于香港懿德师范毕业，辛亥革命时曾参加广东北伐军女子炸弹队。

122

上海亚细亚影戏公司全体演职员在上海香港路 5 露天摄影场中

京汉铁路大罢工

1923 年 2 月 7 日，京汉铁路工人举行大罢工。

1922 年年底，京汉铁路各站先后建立了工会组织，全路共有工会 16 个，会员已达 3 万余人。为了统一领导，2 月 1 日在郑州召开了京汉铁路总工会成立大会。大会举行过程中，吴佩孚电令驻郑州的第十四师师长兼警备司令勒云鹗、郑州警察局局长黄殿辰和京汉铁路局局长赵继贤出动军警捣毁大会会场，并包围、搜查代表寓所。总工会决定举行总同盟罢工以示抗议，并将总工会迁到汉口江岸办公。2 月 2 日，发表罢工宣言，要求撤革赵继贤、查办黄殿辰，赔偿大会损失 6000 元，送还大会一切牌额礼物，并由地方官赔礼道歉。2 月 4 日，京汉铁路工人在"争自由，争人权"的口号下举行全路大罢工。京汉全线 2000 多里、3 万多工人迫使客车、货车、军车一律停开，京汉路全线瘫痪。同一天，中国劳动组合书记部发表反对军阀破坏京汉铁路总工会成立大会的通电，号召全国工人"本阶级斗争之精神，切实援助"。2 月 7 日，武

林祥谦（1892～1923），福建闽侯人。1912年入京汉铁路江岸机器厂当钳工。1922年加入中国其产党。1923年2月7日，在领导京汉铁路工人大罢工中被北洋军阀吴佩孚的军警逮捕、杀害。

施洋（1889～1923），湖北竹山人。1917年毕业于湖北私立法政专门学校法律科，开始律师生涯。1922年加入中国共产党。1923年2月1日，被聘为新成立的京汉铁路总工会法律顾问。2月4日，参加京汉铁路工人大罢工，2月7日被捕，15日被杀害。

汉工会代表和江岸工人举行盛大集会和游行。

吴佩孚在北京公使团和英驻汉口总领事支持下，下令对江岸、郑州和长辛店的罢工工人进行血腥镇压，杀害工人44名，伤300余人，逮捕60余人，开除1000余人。工人领袖林祥谦、罢工领导人施洋等就义。随后，吴佩孚继续用武力强迫复工，不上工就处以严刑。但工人始终坚持，没有总工会的命令，决不上工。为保存力量，2月9日，京汉铁路总工会和湖北工团联合会发出复工命令，罢工遂告结束。这次大罢工是中国工人运动高潮中的最大的一次斗争。

1922年5月1日，安源路矿工人俱乐部成立。图为俱乐部筹备委员会成员合影。

曹锟贿选大总统

直系战胜奉系后，独占北京政权。它先打着"恢复法统"的旗号，推黎元洪复任总统，把徐世昌赶下台；接着便高价收买国会议员，操纵选举，于1923年10月抬出贿选大总统曹锟。

6月初，直系军阀用暴力驱逐了大总统黎元洪后，按宪法规定，总统须由国会选举产生，而国会还不被曹锟所驾驭，于是，直系官僚便利用公民团和军警劝阻议员出走，准备在6月19日国会开宪法会议时，实行逼选。结果，议员具有戒心，拒不出席会议，逼选不成，合法大选更是无望，只剩贿选一途。6月23日，曹锟秘密建立了大选筹备处，规定议员投曹锟一票，价5000元，总统选出后1日领款，对于出力大的，另予特别票价。每位议员每月可领出席费400元，根据大选中的地位和作用分别论价行贿。众议院议长吴景濂一手包办贿选，得贿款40万元；秘密支给各政团首领多达20万元；各省议员头目、政团头目各得特别酬劳费二三万元不等；一般议员票价为5000元支票，在曹锟当选后兑现。10月5日，正式选举，出席议员590人，曹锟花掉1350万元以480票当选为总统。

曹锟（1862～1938），北洋军阀直系首领。

吴佩孚（1874—1928），山东蓬莱人。

《呐喊》、《彷徨》出版

1919 年，五四运动在北京爆发，鲁迅受新的时代潮流鼓舞，满腔热情地投入新文化运动。以其在文学创作上杰出的思想与艺术成就，成为无产阶级领导下的文化新军的主将和旗手。

鲁迅是五四时期以白话写小说的第一人。继《狂人日记》之后，他一发而不可收，接连发表了《孔乙己》、《药》、《故乡》、《阿 Q 正传》等十多篇小说，并于 1923 年结集为《呐喊》出版。这些作品体现了作者于五四高潮中打破沉默奋起呼唤的特色，从总的倾向到具体描写，都与"五四"时代

《呐喊》、《彷徨》初版本

鲁讯小说《祝福》插图

鲁讯小说《孔乙己》

精神一致，具有充沛的反封建热情。《孔乙己》通过一个清末下层知识分子受科举制度摧残的悲剧，揭露和控诉了封建制度扭曲人的性格的悲剧。《药》表现了群众受封建毒害未能觉醒，而资产阶级旧民主主义革命脱离群众要付出血的代价的双重悲剧。《故乡》真实地描绘了外国资本主义入侵后近代中国农村破产的图景。闰土的形象在旧中国农村中有相当普遍的代表性，过多的艰辛和痛苦使他由一个生机焕发、率真机敏的少年变成了暮气沉沉、精神麻木的芸芸众生之一。小说中故乡的变迁是半封建半殖民地中国广大乡村的缩影，闰土的遭遇亦是当时亿万农民的共同命运。

中篇小说《阿Q正传》是鲁迅的代表作，它在辛亥革命前后广阔的历史背景下，塑造了身处闭塞落后的农村未庄的农民阿Q的形象，并反映出当时中国农村的阶级关系和社会矛盾，以及与此相关的时代风云变迁。阿Q是一个从物质到精神都受到封建社会严重戕害的农民的典型，他身受惨重的剥削和压迫，却不能正视自己屈辱的地位，而是以"精神胜利法"来进行自我麻醉。

阿 Q 像

鲁讯画像

他挨打受辱被迫自轻自贱后，却又以"第一个"能自轻自贱来进行自我平衡；他一贫如洗连自己的姓都不清楚却夸耀先前的"阔"；他光棍一条却幻想将来"儿子会阔得多"……作品在突出地描绘阿Q的"精神胜利法"的同时，也表现了他性格中许多复杂的因素。他"有农民式的质朴，愚蠢，但也很沾了些游手之徒的狡猾"；他头脑中充塞着诸如"男女之大防"、造反就该杀头等封建观念，却又存在着某种叛逆性，如他并不佩服赵太爷、钱太爷之流，对假洋鬼子亦采取"怒目主义"，"神往"革命等等。鲁迅通过阿Q的形象深深挖掘了中国农民身上愚昧消极的因素，既"哀其不幸"，又"怒其不争"；而对"精神胜利法"的批判，意在暴露"国民的弱点"。小说还通过描写阿Q的"革命"梦幻灭的经过及其"大团圆"的悲剧结局，反映了辛亥革命失败的历史教训。

鲁迅的第二部小说集《彷徨》收集了他作于1924年至1925年间的《祝福》、《伤逝》等11篇作品。此时正值"五四"退潮时期，新文化统一战线

逐渐发生分化，革命中心南移。鲁迅在彷徨中上下求索，此时的心情与写《呐喊》时是不同的。较之《呐喊》，《彷徨》较多地流露了作者当时的苦闷和忧郁，但在对社会的分析和批判方面，却有着同样的清醒和深刻。

《祝福》中的祥林嫂是在旧中国封建社会的族权、君权、夫权、神权四重压迫下挣扎的女性典型。《彷徨》中比较集中描写的是新旧知识分子的形象。《在酒楼上》的吕纬甫在几经波折后，由原来的热情洋溢、敢作敢为变得消沉颓唐、得过且过；《孤独者》中的魏连殳原来睥睨世俗、极端憎恨旧社会，但在种种打击下终于向环境妥协，背负着精神创伤死于寂寞之中。《伤逝》则通过五四后追求个性解放的青年知识分子的爱情悲剧，表明了社会改造是婚姻自由和个性解放的前提。

《呐喊》和《彷徨》在艺术上也有极高成就。鲁迅是现代将西方小说技巧与中国传统的小说艺术成功地熔于一炉的第一人。他的小说，因"格式特别"是现代化的，而因其表现的内容和语言特色，又是民族化的。鲁迅的小说语言传神，细节真实；寓热烈的感情于冷静的客观描写之中，形成一种冷隽而又深切的个人风格，具有意味无穷的艺术魅力。

《呐喊》和《彷徨》"忧愤深广"地表现了辛亥革命和五四运动前后这一时期的历史特点；是现代文学中现实主义的开山之作。鲁迅是在中国文学史上第一个反映被压迫农民的阶级利益和要求的作家。他首先提出了启发农民觉悟的问题，这在民主革命时期具有重大意义。鲁迅的小说使中国文学发生了深刻变化，充分显示了文学革命的实绩，为中国现代文学奠定了基础。

北京紫禁城发生大火

1923年6月26日晚9点多钟，紫禁城中建福宫突然起火。全城的消防人员和消防器材几乎都带了进来，但因宫中既无自来水，又缺少水井，消防人员"英雄无用武之地"，只好看着大火到处蔓延。

大火由静怡轩一直烧到延寿阁。延寿阁宏伟高大，倒塌时正在燃烧的椽梁又倒在别的宫殿上，周围的宫殿一齐燃烧起来，化成一片火海。庭中数百年的参天松柏，也变成一棵棵的火树。大火一直烧到28日凌晨2时许，意大利公使馆闻知宫内起火，派了 30 多名兵士赶来帮同救火。这些兵士消防技术比较熟练，他们指挥大家拆除房屋，隔断火道，到 7 点多钟逐渐把这场大火扑灭。但因余烬尚存，消防队又看守了两三天才撤出。

这次大火，共烧毁房屋三四百间，损失的物品，除延寿阁里收藏的全部古物都被烧毁外，还有广生楼的全部藏文大藏经，吉云楼、凝辉楼的数千件大小金佛与金质法器等。其中最宝贵的是金亭四座，都是钻石顶、景泰蓝座；还有敬慎斋所藏的明景泰年间刻制的大藏经版数千块、中正殿雍正时制作的大金塔一座、全藏真经一部和历代名人书画等等。

1923 年 6 月 26 日，紫禁城内建福宫大火后，有关人员清理火场。

新月社成立

1923 年，以徐志摩、闻一多为骨干的新月社在北京成立，参加者有胡适、梁实秋、陈西滢等人。徐志摩依据泰戈尔的诗集《新月集》起了社名，寄托了一种憧憬——"它那纤弱的一弯分明暗示着，怀抱着未来的圆满"（徐志摩《新月的态度》）。新月社先以聚餐会形式出现，后来发展为俱乐部，其主要活动和影响均在文艺方面。新月社成立后的头两年未办自己的刊物，其

131

成员山

1924 年 7 月，旅欧中国共产主义青年团第五次代表大会代表在巴黎合影。左起，1 排：1 为聂荣臻，3 为李林，4 为周恩来，5 为刘伯庄，6 为李富春，8 为傅烈；2 排：1 为柳溥青，2 为林蔚，4 为任卓宣，5 为周维桢；3 排：2 为余增生，5 为方至刚，6 为李卓然；4 排：1 为穆青，5 为邓小平。

1924 年 7 月，中国国民党驻法国总支部第二次代表大会代表合影。左起，前排：3 为赵栋，4 为王京歧；2 排：8 为林蔚（共产党员）；3 排：2 为穆青（共产党员），4 为周恩来（共产党员），7 为李卓然（共产党员）；4 排：3 为江泽民（共产党员），5 为李富春（共产党员）。

1924 年 7 月，英国租界当局规定，中国人进出沙面租界须持有本人照片的执照，沙面市民及中国巡捕举行了月余罢工，迫使英方取消"新警律"。图中之景即为英国的租借地广州沙面。

代评论》、《晨报副刊》为活动阵地。1926 年徐志摩借《晨报副刊》办起了《诗镌》、《剧刊》；同年，新月社推行"国剧运动"，创办了北京艺术专科学校戏剧系；1927 年胡适、徐志摩、余上沅等人筹办了新月书店；1928 年 3 月，《新月》月刊创刊，新月书店还编辑出版了"现代文化丛书"、《诗刊》、《新月诗选》等；此外新月社还介绍了莎士比亚、哈代、布朗宁夫人、易卜生、奥尔尼、波德莱尔等西方各种流派作家及现代诗人。1931 年 11 月，徐志摩坠机身亡，新月社活动日衰，终于在 1933 年 6 月宣告解散。

　　新月社的创作呈现出比较复杂的状况。早期新月社的作品曾一度表现过对社会现实的关切和反军阀统治的爱国民主精神，但同时也表现出浓重的唯美、感伤、"为艺术而艺术"的创作倾向。新月社从事诗歌创作的主要有闻一多、徐志摩、朱湘等人，他们致力于推行新诗格律化。徐志摩认为"完美的形体是完美的精神唯一的表现"；闻一多在艺术上刻意追求"带着镣铐跳舞"

133

20年代上海的望平街（今山东中路）成为"报馆街"。图为在街上批发报纸。

的形式美。这些艺术主张对新诗格律化和艺术美的探索有一定积极意义，但也存在着唯美主义和形式主义的弊病。在诗的思想内容上，闻一多和徐志摩之间有极大差别。闻一多的《死水》具有忧国忧民的情怀和强烈的民族意识。作为新月社真正代表诗人的徐志摩，早期诗文有积极向上的倾向；后来也有一些内容健康、格调明朗的诗作，但大部分作品表现了爱情和人生的玄想，流露出感伤、凄惘和神秘的色彩。他的诗集有《志摩的诗》、《翡冷翠的一夜》、《猛虎集》、《云游》。他的诗在艺术创造上自成风格，《再别康桥》、《沙扬娜拉》、《雪花的快乐》等诗音节和谐、意境优美，表现手法多样，为白话诗的发展增添了新的因素。新月社多数的文学作品都注重艺术技巧和风格的追求，而缺少深厚的社会内容。

新月社成员的政治和文艺思想倾向也较复杂。他们一开始就表现了右翼资产阶级的政治倾向，反对共产党领导的工农革命运动，否定共产主义学说；同时又批评国民党的"一党独裁"，要求取消对言论自由的压迫。在文艺运动中，新月社经历了一个逐渐右转直至与进步文艺运动相对抗的过程。1928年至1929年，新月社梁实秋为代表提出了"伟大的文学乃是基于固定的普遍的人性"的主张，以资产阶级人性论反对文学的阶级性，否定无产阶级革命文学运动。鲁迅、冯乃超等人著文批判了新月社的资产阶级文艺观。

欧阳予倩从事话剧事业

欧阳予倩是中国著名的戏剧艺术家、戏剧教育家，一生编写过40余部话剧，导演过50余出话剧，在戏剧教育事业方面也有重要建树。

在辛亥革命前，欧阳予倩作为春柳社骨干之一，参加过《黑奴吁天录》的演出。1913年编演了五幕剧《运动力》，讽刺嘲弄了所谓的"革命新贵"的腐化堕落。五四运动激发了他的创作欲望，又写了《泼妇》（1922年）和《回家以后》（1924年）以及《潘金莲》（1928年）、《屏风后》（30年代初），这些剧作都表现了强烈的反封建主题，艺术构思也多姿多彩。《同住的三家人》和《不要忘了》可作为第一次国内革命战争时期到左联时期的代表作，题材来自作者的亲身见闻，有很强的生活实感，揭示出相当深刻的社会意义。抗日战争时期，他的爱国主义思想在其所有艺术作品中都有反映。1937年初冬，欧阳予倩将清初著名戏曲家孔尚任《桃花扇》传奇改编为京剧，1946年又编为话剧，借古喻今，流露了强烈的民族意识和爱国主义思想。1939年以后，他还写过《越打越肥》等四五个独幕剧，到1942年，又成功地创作了五幕历史剧《忠王李秀成》，这在当时具有重大的现实意义。1959年，欧阳予倩发表了根据《黑奴吁天录》重新改写的《黑奴恨》一剧，堪称他的压卷之作。

欧阳予倩导演过很多话剧，他导演的话剧具有浓郁的民族特色。欧阳予倩可谓中国传统戏曲和现代话剧之间的一座典型的金桥，他善于汲取古今中外一切精华，为创造中国民族的演剧艺术体系奋斗了一生。欧阳予倩还是一位杰出的戏剧教育家，早在1919年他就主办了南通伶工学社，建立了更俗剧场。在办学过程中，他破除旧的科班制度，建立新的办学宗旨。1929年，欧阳予倩在广州创办广东戏剧研究所并附设戏剧学校、音乐学校。同时，开设了戏剧文学系，1950 年以后，欧阳予倩任中央戏剧学院院长，致力于创造中国民族的演剧艺术体系。在他主持下建立了中央戏剧学院实验剧场及实验话剧院，为新中国培养了大批戏剧艺术人才，提高了中国话剧艺术的水平。

欧阳予倩晚年还致力于整理毕生的艺术经验，有《欧阳予倩剧作选》、《回忆春柳》、《谈文明戏》等著作出版，为后人提供了借鉴。

国民党一大召开国·共合作开始

1924 年 1 月 20 日，中国国民党第一次全国代表大会在广州召开。大会代表 196 人，其中共产党员 24 人。孙中山以总理身分担任大会主席，并指定胡汉民、汪精卫、林森、谢持、李大钊五人组成主席团。

大会通过了《国民党章程》和《中国国民党第一次全国代表大会宣言》。宣言以反帝、反封建为主要内容，确定了联俄、联共、扶助农工三大政策，

国民党第一次全国代表大会会场

1924年1月20日，中国国民党第一次全国代表大会在广州召开。出席开幕式的代表165人，其中共产党员24人。这标志着第一次国共合作开始。

重新解释了三民主义，把旧三民主义发展为新三民主义。民族主义主张"一则中国民族自救解放，二则中国境内各民族一律平等"。民权主义主张权利"为一般平民所共有，非少数人所得而私也"。"凡真正反对帝国主义之个人及团体，均得享有一切自由及权利；而凡卖国罔民以效忠于帝国主义及军阀者，无论其为团体或个人，皆不得享有此等自由及权利"。民生主义，一是平均地权，国家依报价收买地主土地，给农民耕作；二是节制资本，由国家经营管理有独占性质的企业，或规模过大为私人之力所不能办的企业，"使私有资本制度不能操纵国民之生计"。这样解释的新三民主义，其主要内容和中国共产党在民主革命阶段的纲领基本是相同的，因而成为国共合作的共同政治基础。大会选出新的有共产党人参加的中央执行委员会。

　　随后，一届一中全会组建了中央党部，设立秘书处及组织、宣传、青年、工人、农民、妇女、海外、军事等八部。从此在国共合作统一战线的组织和领导下，国民革命运动在中国南部广泛展开，并迅速扩展到北方。

137

黄埔军校建立

　　1924年5月，孙中山在苏联和中国共产党的帮助下建立了"陆军军官学校"（全名为"中国国民党陆军军官学校"）。因其校址设在广州的黄埔岛上，也称"黄埔军官学校"，简称"黄埔军校"。6月16日开学。1926年1月更名为"中央军事政治学校"，国共两党均派有重要干部到校任职。孙中山任学校总理，蒋介石任校长，廖仲恺为党代表。在校本部下设政治部、教授部、教练部、管理部等。学生组织上设总队，下设分队。周恩来、熊雄曾任政治部主任，叶剑英曾任教授部副主任。恽代英、张秋人、萧楚女、聂荣臻等均

孙中山率国民党党政军要员出席黄埔军校开学典礼。左起，前排，5为邹鲁，6为胡汉民，7为孙中山，8为蒋介石，10为许崇智，11为王柏龄。

黄埔军校大门

曾担任负责工作。孙中山亲自制定了"精诚团结"的校训。

黄埔军校自创建至 1927 年 4 月共举办四期，毕业学员 4981 人，培养了一支保卫广州革命政权和进行北伐战争的骨干力量。其中不少人成为中国共产党领导的军事力量的领导骨干。第一期 1924 年 5 月 9 日至 11 月 30 日，主要学习陆军术科，包括步兵操典，射击教范，战术、兵器、交通、筑城等四大教程及战术作业等。第二期 1924 年 8 月至 1925 年 5 月，开始分步兵、炮兵、工兵、辎重、宪兵五科。第三期 1925 年 7 月至 1926 年 1 月。第四期 1926 年 2 月至 10 月，为提高学生水平，本期规定招收年龄在 18 岁以上 24 岁以下的高中毕业生，成立入伍生团，经训练后分别编入步兵军官团、步兵军官预备团及炮兵科、工兵科、政治科、经理科。此外，1925 年 6 月，为培养部队党代表及政治干部，新设政治训练班负责培训各部队所送之下级干部，并设军官政治研究班。1926 年 2 月又设宪兵教练所，3 月增设军医补习所。北伐战争开始后为适应战争之需要，1926 年 11 月，于军事科、无线电科、军用化学科等增设高级班，还专为孙传芳、吴佩孚所属投诚部队设置军官政治训练班。另外，黄埔军校附有两个教导团和潮州、武汉、长沙、南昌、洛阳五个分校。

黄埔军校虽然学制较短,但教学颇具特色,实行政治与业务、学科与术科并重的原则。学校除设政治课外,还颁行有"革命军格言"、"士兵日课问答练习"等以进行政治思想教育。此外还对学员进行群众纪律教育,教唱"爱民歌"。学员除学习军事科目外还积极参加实际战斗,如第二期学员参加了讨伐陈炯明叛变的"东征"战斗,为保卫广东革命政权、稳固北伐后方作出了贡献。黄埔军校是当时著名的革命军事学校,不仅学员积极参加了"五卅"、"沙基"和收回教育权等政治运动,而且毛泽东、鲁迅等许多知名人士曾亲临学校讲演。学校还出版有"黄埔小丛书"、《黄埔日刊》、《青年军人》、《中国军人》、《革命画刊》、《黄埔生活》等,并组织有"血花剧社"和"俱乐部"。1927年4月12日蒋介石背叛革命后,国民党反动派在学校组织了清党运动,逮捕屠杀共产党人,至此军校的性质发生了根本性的变化,不久更名为"中央陆军军官学校",并成为蒋介石破坏国共合作、反对民主革命的工具。

孙中山创建广东大学

1924年,为适应国民革命的需要,中国民主革命先行者孙中山先生在广州创建广东大学,以培养革命人才。校址位于今广州市五山。学校草创之初,孙中山先生给予了积极关怀,每星期都到校进行革命讲演,勉励同学"读书不忘革命,革命不忘读书",并亲自为学校题写校训"博学之、审问之、慎思之、明辨之、笃行之"。中国共产党的许多重要领导人如毛泽东、周恩来、刘少奇、恽代英等都曾亲自到校和附属中学讲演、兼课,传播革命真理。另外,当时一些知名学者如鲁迅、郭沫若、许德珩、周谷城等曾先后应聘来校任教。广东大学为国民革命培养了一批人才,为北伐战争的顺利开展作出了贡献。

广东大学历史不长。1925年3月孙中山先生逝世,为纪念孙中山先生为中国革命建立的丰功伟绩,1926年7月,广东大学改名为"中山大学"。1935年中山大学成立研究生院,开始招收研究生。至1938年,中山大学发展成为文、理、法、工、农、医和师范等7个学院31个学系的综合性大学,是华南地区著名的高等学府。同年10月,日本侵略者侵入广州,中山大学西迁至云南澄江,1940年迁回粤北坪石,1944年夏再分别迁至粤北深山连县、仁化和粤东兴宁、梅县各地,在极端困难的条件下坚持办学。1945年9月抗日战争胜利后,分散在各地的中山大学师生先后迁回广州。一批知名教授如王力、岑麟祥、朱谦之、钟敬文、李㪡化、梁伯强、丁颖、陈焕镛等应骋到中山大学任教。

广东大学(中山大学)具有光荣的革命传统,是华南学生进步运动的中心。在1925年支援省港大罢工等革命运动中,进步学生走在斗争的前列。1927年,革命学生积极参加了中国共产党组织、领导的广州起义。1931年"九·一八"事变后,进步学生举行游行示威,组织抗日宣传队,参加抗日游击战。抗日战争胜利后,广大师生为反对国民党专制统治举行了"反饥饿、反内战"的示威游行。

冯玉祥发动政变·孙中山北上

1924年10月,第二次直奉战争爆发后,直系将领冯玉祥率部进驻古北口,担任左翼作战军第三军总司令。冯与直系援军第二路司令胡景翼、京畿警备副司令孙岳秘密策划倒戈反直。

21日,冯玉祥命鹿钟麟率部以昼夜200里的速度驰赴北京。

鹿钟麟入城后,把北京全城控制在手中。6时许,他请孙岳派人将总统府卫队缴械,并囚禁了曹锟。整个政变过程,没有费一枪一弹,没有惊扰一个北京市民。

带兵进宫的北京警备司令鹿钟麟

141

在"北京政变"期间，冯玉祥部在滦平召开军事会议时合影。

溥仪被逐出宫时，养心殿后殿（溥仪寝宫）的原状。

　　同日，冯玉祥、胡景翼、孙岳联名通电主和，同时要求曹锟下令停战，免去吴佩孚本兼各职。10月24日，冯玉祥召集胡景翼、孙岳、黄郛、王承斌等举行会议，一致决定立即电请孙中山北上主持国家大计，并商定先请段祺瑞入京维持局面；在孙、段入京前由黄郛组织内阁，处理政府事宜。会议还决定将冯、胡、孙所部定名为中华民国国民军，暂编三个军，推冯玉祥为总司令兼第一军军长，胡景翼为副司令兼第二军军长，孙岳为副司令兼第三军军长。会后，冯等联名电请段祺瑞任国民军大元帅，并联合奉系军阀张作霖，推举段祺瑞为北京临时政府执政。10月25日发出通电，请孙中山北上，共商国是。

11月10日，孙中山发表《时局宣言》并决定北上。孙在《时局宣言》中提出"召集国民会议，以谋中国之统一与建设"。11月13日，孙中山偕宋庆龄等乘永丰舰离广东北上。14日抵香港，17日抵上海。21日，孙离上海。23日，抵日本长崎，日本记者、政学各界及中国留学生约300人登船欢迎。孙中山答记者说："中国革命的目的和俄国相同，俄国革命的目的也是和中国相同，中国同俄国革命，都是走一条路。"30日，孙中山离开神户赴天津。

第二次直奉战争爆发

1924年9月，直、奉双方在山海关、热河一带发生激战。第二次直奉战争爆发。

曹锟贿选后，全国各阶层代表人物纷纷表示反对，北方政局也发生变化。

1924年10月，第二次直奉战争进行之时，直系将领冯玉祥率部回师北京，罢黜并囚禁大总统曹锟。图为冯玉祥率部队从前线返抵北京城，发动兵变。

浙江督军卢永祥通电断绝与北京政府往来，浙、沪一带成为反直的中心。卢永祥和奉天的张作霖及广东的孙中山建立了联系，形成反直三角同盟。吴佩孚派孙传芳进入福建，又支持江苏督军齐燮元，以威胁卢永祥。

1924年9月3日发生齐卢战争（又称江浙战争），10月15日卢永祥战败。

9月18日，败退回东北的奉军统帅张作霖重整旗鼓，重新杀回关内。曾与段祺瑞、冯玉祥订立反直协议的张作霖自任总司令，率领奉军17万之众乘机进关。9月17日，直系军阀曹锟发布伐张命令，任命吴佩孚为总司令，带领25万人马迎战。18日，直、奉双方在山海关、热河一带发生激战。第二次直奉战争爆发。

10月中旬正当两军在山海关激战时，与吴佩孚素有矛盾的直军第三军总司令冯玉祥从热河回师，发动政变，软禁曹锟，吴佩孚在山海关一带被奉军战败，率残部自塘沽仓惶南逃。11月，张作霖、冯玉祥推戴段祺瑞为"中华民国临时执政"。奉系重新控制北京政权后，势力扩张到河北、山东、安徽、江苏等省及上海，与地方军阀产生矛盾。军阀间的混战状态仍然没有结束。

大动荡大转变时期

孙中山逝世

1925年3月12日上午9时30分，中华民国与中国国民党的缔造者孙中山先生因患肝癌医治无效，在北京东城铁狮子胡同5号行辕逝世，终年59岁。临终前，他说的最后一句话是："和平、奋斗、救中国。"

孙中山留有国事遗嘱，给家人的遗嘱和致苏联遗言。

孙中山的逝世，举国为之震惊。

中共中央发表《中国共产党为孙中山之死告中国民众书》，沉痛哀悼这位同中共正在密切合作的伟人。斯大林等许多国家领导人和知名人士发来唁电。

3月19日，由协和医院向中央公园移灵，沿途肃立的有十几万人，到处是花圈、挽联。直到晚上7时，送殡队伍尚未从公园散尽。

从3月24日至27日为受吊之期。数十万人前往中央公园公祭孙中山，以表达人们的怀念之情。30日，苏联赠送的玻璃棺由专人护送到京。从3月

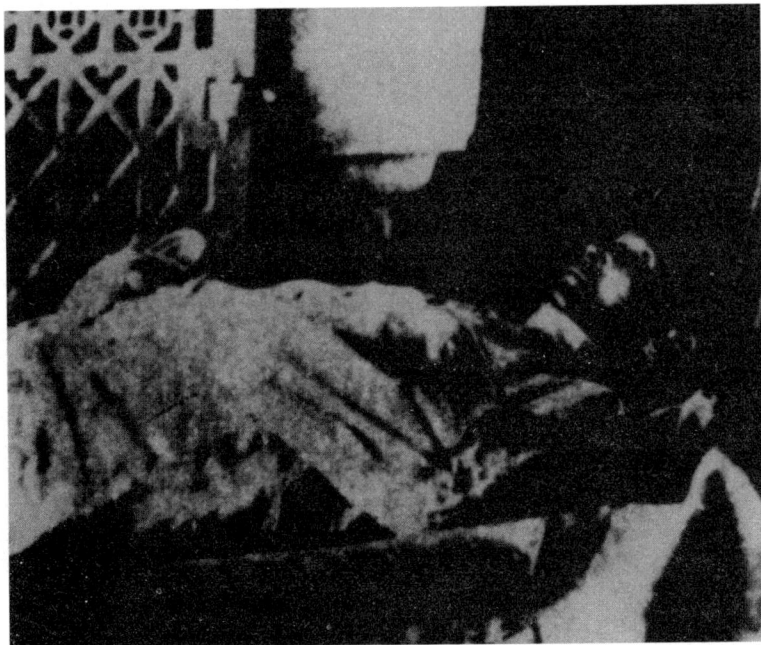

1924 年 12 月 31 日，孙中山到京，即入协和医院治疗，经多方抢救无效，于 1925 年 3 月 12 日上午 9 时逝世，终年 59 岁。

孙中山夫人宋庆龄、儿子孙科在孙中山灵堂前

孙中山的灵柩运往西山的途中

北京民众追悼孙中山

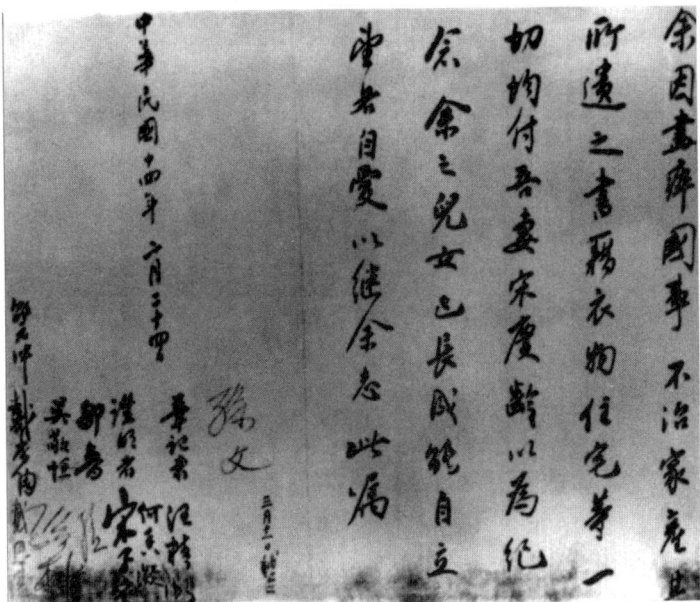

孙中山遗嘱之一页

1925 年 3 月 20 日，东征军与兴县民众集会，追悼孙中山，由总指挥蒋介石主持大会（站在最前者），总政治部主任周恩来宣读祭文（手持祭文者）。

12日至31日，治丧处收到花圈7000多个，挽联、挽幅500余种。吊唁签名者达74万多人，连同接待的其他吊唁者共约200万人。

孙中山，名文，字德明，号日新，改号逸仙。1897年在日本时化名中山樵，遂以中山著称。广东香山人。1878年后在檀香山、香港求学。后入广州博济医院附属南华医学校、香港西医学院接受西学教育。1892年毕业后在澳门、广州设医房行医，酝酿反清政治活动。1894年春，上书李鸿章，提出改革主张，遭拒绝。是年赴檀香山组织革命团体兴中会，提出"驱除鞑虏，恢复中华，创立合众政府"的革命主张。1896年在伦敦被捕，获救后于次年回国组织武装起义。1905年中国同盟会成立后，孙中山被推举为总理，制定"建立民国，平均地权"的革命纲领，创办《民报》，揭示三民主义学说，主张用革命暴力推翻专制统治。曾多次组织起义，均遭失败。1911年武昌起义后，被选为临时政府总统。1912年1月1日在南京宣誓就职，4月，被迫辞去总统职。1919年，将中华革命党改组为中国国民党。1920年组织中华民国政府，任非常大总统，筹划北伐。1924年改组中国国民党，重新解释三民主义，实行联俄、联共、扶助农工三大政策，创建黄埔军官学校。

吴有训验证康普顿效应

1924年，吴有训在美国验证了康普顿效应、为量子物理学的发展作出重要贡献。

吴有训，1897年4月2日生于江西省高安县。1920年毕业于南京高等师范学校。1921年赴美入芝加哥大学，随A．H．康普顿从事物理学研究，1926年获博士学位。1926年秋回国。

吴有训在物理学领域中的重要成就是：在参与A．H．康普顿的X射线散射研究的开创工作时，他以精湛的实验技术和卓越的理论分析，验证了康普顿效应。1924年他与康普顿合作发表《经过轻元素散射后的钼Kα射线的波长》。1926年他单独地发表《在康普顿效应中变线与不变线的能量分布》和《在康普顿效应中变线与不变线的能量比》两篇论文。这些成果丰富了康普顿的工作，使康普顿效应进一步为国际物理学界所公认。

1928年吴有训任教清华大学物理学系以后，尽管教学工作和行政工作繁重，仍然坚持进行科学研究。他发表的有关X射线散射的论文达50多篇。他积极组织并参加近代物理学的研究，是中国开展近代物理实验的先驱者。

《现代评论》出版·现代评论派形成

1924年12月13日，《现代评论》于北京创刊。

《现代评论》每周出版一期，以26期为一卷，刊物内容包括政治、经济、法律、哲学、科学、教育、文艺等方面，每期均设一栏《时事短评》，从第1卷第22期起又设"闲话"专栏。《现代评论》的主编是陈西滢，主要撰稿人有胡适、陈源、王世杰、高一涵、唐有壬、张尉慈、周鲠生等。另外，徐志摩、丁西林、沈从文、闻一多、胡也频等当时一些影响较大的文学作家也时有作品在《现代评论》上发表。

《现代评论》的办刊宗旨是"自由研究、客观公正"。在这个口号下，曾与复古主义的《甲寅》派、《学衡》派在文言文和白话文等问题上展开激烈的争论，因此，以该刊撰稿人为中心的一些资产阶级学者、评人称为"现代评论派"。在出版初期，《现代评论》有较浓厚的自由主义色彩，在1925年的"五卅运动"、女师大学潮和1926年的"三·一八"惨案期间，都曾发表过一系列的反帝反封建的讨伐檄文，但有时也发表一些为军阀政府粉饰太平的文章，指责学生的爱国运动，对此，鲁迅曾在《语丝》上作出严厉的批判。

1927年7月23日，《现代评论》出至第6卷第137期后，迁往上海，并开始将舆论天平倾向国民政府，为国民政府的黑暗统治摇旗呐喊。1928年12月29日，《现代评论》停刊。

"五卅"运动爆发

1925年4、5月间，日、英、美等帝国主义在华势力连续制造了几起屠杀中国人民的惨案，继福州惨案和青岛惨案之后，又在上海枪杀工人及学生60

"五卅"惨案发生前聚集在南京路上的民众

多人，造成五卅惨案。惨案引起了全国性的五卅运动。在中国共产党领导下，上海的罢工、罢课、罢市斗争，迅速波及全国。香港工人大罢工坚持一年多。在政治上、经济上给英帝国主义以沉重打击。五卅运动促进了全国革命高潮的形成。

　　5月7日，上海日本纺织同业会决定拒绝承认工人的工会组织，并要求租界当局及中国政府取缔工会。14日，内外棉第七厂的日本资本家又宣布闭厂，停发工人工资，不许工人上班。15日，该厂夜班工人数百名进厂与资本家交涉，双方发生冲突。日本大班率领打手开枪射击。工人代表顾正红身中4弹，同时受伤者十余人，并有多人被捕房抓去。顾正红在医院死亡。

　　日人此举引起工人极大愤慨。16日，内外棉第七、第八、第十二厂工人宣布罢工。上海的广大学生也纷纷走上街头，宣传讲演，支持工人。21日，上海文治大学学生在街上募捐救济工人，被捕房逮捕。

　　5月30日，上海大中学校2000余学生在公共租界散发传单，举行演讲，数十人被拘捕。下午，约近 1 万名学生和市民聚集在公共租界南京路的老闸捕房，要求释放被捕学生。租界当局命巡捕开枪驱赶，学生死 5 人，市民死 11 人、重伤 8 人、轻伤 10 余人。次日，英国巡捕及万国商团再次枪杀示威群众 3 人，伤 18 人。

6 月 1 日，上海各工会联席会议决定正式成立上海总工会，由李立三担任会长。总工会代表数十万工人在《热血日报》上发布宣言。

2 日，穿越苏州河到达南岸散发传单的工人与日本巡捕遭遇，被日巡捕开枪打死 2 人、重伤 3 人。同日，小沙渡工厂工人被厂方协同逮捕 4 人，当场枪杀

顾正红（1900～1925），江苏阜宁（今滨海）人，中共党员。

后，沉尸苏州河中。3 日，杨树浦恒丰纱厂的日本人又枪杀号召罢工者 1 人、伤 2 人，并打死过路 1 名大学生。

连日来的枪杀事件激怒了上海人。罢工的工人达 20 多万人，罢课学生 5 万余人，大多数商人开始罢市。至 8 日，各国迅速派军舰进入上海。"海军陆战队"、"万国义勇队"在上海登陆，并进入租界区驻防。

6 月 5 日，中共中央发表《为反抗帝国主义野蛮大屠杀告全国民众书》，说"血肉横飞的上海，现在已成为外国帝国主义的屠杀场了！"与此同时，长沙、青岛、天津、广州等数十个城市的群众亦纷纷罢工、罢市、罢课，以声援上海工人。上海各界组成此次三罢的领导机构——上海工商学联合会。16 日，北京政府派蔡廷干为代表赴沪；英、日等国也派出了 6 名代表，双方开始谈判。谈判前，租界当局被迫释放了被捕人员。

6 月 26 日，声称每罢工一日，损失 30 万元收入的上海商人宣布单独复市，

退出"三罢"运动。罢工的工人陷入孤军奋战的境地。策动这次罢工的中国共产党决定改变罢工策略，以一定的经济要求及地方性的政治要求为最低条件逐步复工，以等待时机，积蓄力量。28 日，上海纱厂总工会领导日资纱厂工人同日方资本家进行复工谈判。双方达成下列协议：日方资本家不得携带武器，抚恤顾正红家属 1 万元，赔偿工人罢工期间损失 10 万元，处分凶手等。上海各行业的罢工工人陆续复工。

上海丝厂的童工在劳动